だれも
教えてくれない……
でも料理の王道……なおかつ
カンタン最高です。
60歳・女性(大分県)

人生で初めて
買った料理の本です。
26歳・女性(大阪)

とにかく
わ……やすい。
……しかった。
（三重県）

「邪道」とありますが、
王道の理屈がしっかり
抑えられていて、安心。
40歳・男性(東京都)

彼から『米……ないって
言ってなかったっけ……？
嘘じゃん』と好評です。
31歳・女性(神奈川県)

本当に美味しいので
義務教育に
入れてください。
32歳・男性(富山県)

とにかく見やすいです。
文字も大きいし、時々夫が
ごはんを作ってくれるのですが、これなら
かんたんなのでよさそうです。
54歳・女性(長野県)

料理が苦手でしたが、今では
夫が食べるたびに
「ウマい!これリュウジ?」と
聞いてきます笑。本当に助かってます!
26歳・女性(富山県)

『料理って本当は
楽しいものだったんだ』と
それまでの自分を思い出して、
涙が出そうになりました。
21歳・男性(鹿児島県)

美味しい料理を毎日食べたい。けど
時間や食材は少なく済ませたい
と思っているわたしにドンピシャです。
27歳・女性(静岡県)

初めて YouTube を見たときは
『うさんくさいな……』と思ってましたが、
試しに作ってみたら『ウマい!』。
ただの酔っ払いじゃなかった。
50歳・女性(愛知県)

『私でもできそう!』
と思える魔法の本です。いつもの
料理が数段ランクアップ!
59歳・女性(福岡県)

まさかの
スパイスなしで
作れました
「至高のスープカレー」

⭐1 いつもの料理が、 自分史上最高の味に 変わる!

邪道にして至高。ありえない作り方。
なのに食べたら、
「世界で一番ウマイわ」
ってなるレシピ。

レンジでもやしに
魔法をかけます
「至高のもやし炒め」

小さい頃に食べた、
あの甘い味を
再現する方法がこちら
「至高のミートソース」

★2 ウマイもの作るために
本当に必要なことしか、
書いてない。

「怒られるけど、ウマけりゃいい」。
やらなくていいことは載せてません。

1000パック食って
たどり着いた至高
「至高の納豆ごはん」

最小限のつなぎで
最高の肉々しさ
「至高のピーマン肉詰め」

★3 つまりこの本は、最強の人生の攻略本なんです。

1冊目より、より実用的で家庭的な
本当に「使えるレシピ」ばかり集めました。
もう、今日作る献立に悩みません。

いいから砂糖を
たっぷりと振れ
「至高の焼き鮭」

はじめに

昔、付き合っていた彼女に「手間暇」を押しつけたことがあります。

その子がカレーを作ってくれたんですけど、ニンジンの皮をむいてなかったんです。「皮くらいむこうよ」「うちはずっとこうだよ」「いやいや、普通むくでしょ」って、ひと悶着して。

大バカ野郎ですよ。ほんと、タイムマシンがあったら自分をぶん殴りに行きたいです。

「めんつゆを使うなんて愛情がない」みたいな声がいまだにあります。

でも愛情ってのは、手間や材料に宿るものじゃなくて「その人と美味しい時間を共有したい」って気持ちに宿るもんじゃないのかな。その人に食べてほしくて料理を作る行為に「愛情」以外なにがあんだろ?

邪道でもなんでも、ウマけりゃいいんですよ。そこがゴールなんですから。

「ふざけた作り方だ」って、ぼくもよく怒られます。……そう感じる気持ちもわかるんです。教科書に載ってることぜんぶ無視してますから。「これが一番うまい」って言われたら、そりゃ「え、じゃあ今までのあの作り方って?」って混乱するじゃないですか。けど言いたいのは、どっちも間違いじゃないし、作り方が2つあるだけってことなんです。

「正しい」作り方は、ひとつじゃない。その日の自分のためにオーダーメイドできるのが、自炊の最高の魅力だと思います。自分にドンピシャの味を作れるようになったら、人生、めっちゃ生きやすくないですか? レシピ本って「人生の攻略本」なんですよね。

だから、料理はできればやりたくないし、あんまりお金もかけたくないけど、美味しいものが食べたい。そんな人たちにこそ、ぼくのレシピが届いてほしい。ぼくが目指すのは料理人口、つまり「料理を楽しむ人」を増やすことだから。

情熱大陸みたいなこと語っちゃってすみません。取り下げます。

では……リュウジ式至高のレシピのここがすごい!

①未公開レシピ多数収録!

②調理工程が一目瞭然、動画を再生しなくてもスピーディーな調理が可能!

③酔っぱらいの顔を見なくても料理できる!

④すべてが定番メニューなので確実に料理上手になる!

⑤呂律の回らない料理研究家を見なくてすむ!

以上です。③と⑤が特に有益です。どうぞ、楽しくお使いください。

リュウジ

目 次

カンタンかつメイン級 超・実用副菜

ぼくのかんがえたさいきょうの 丼・カレー・チャーハン

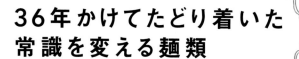

36年かけてたどり着いた 常識を変える麺類

日本一料理ができる 酒クズが考えたおつまみ

手作りのウマさがわかる！
至福のスープ・鍋・ポタージュ

1200円払ってたことが
悔やまれる
店超えパン＆スイーツ

本 書 の 使 い 方

大さじ・小さじ

大さじ1は15cc、小さじ1は5cc。

よくわからない料理用語

わかりやすいよう言語化してみました。

少々…別になくてもそこまで味に影響ないけど
　　　とりあえず気持ち入れろ
ひとつまみ…これくらい入れたらさすがに味変わるやろ
　　　　と思うくらい指3本でつまんで入れろ
適量…自分がウマいと思うまで入れろ
一晩置く…寝ろ

少々とか適量は、「最後の味付けはお前が決めんだよ、
お前の料理だろ」という料理家の強いメッセージです。

味つけ

ぼくは酒のみなので、本書の味つけは基本的に濃い目で
す。塩や白だしなど塩分の強い調味料は、味を見て、自
分の好みに調整してください。

火加減

ご家庭のコンロにより火力が異なるので、レシピの火加
減と加熱時間を目安に調整してください。

電子レンジの加熱時間

本書のレシピは600Wの場合の目安です。500Wの場
合は1.2倍にしてください。

調理工程

野菜を洗う、皮をむく、種やヘタを取る、などは省いて
います。具材の切り方に指定がなければ、ご自身の食べや
すい大きさに切ってください。

よく使う調味料

- 砂糖は上白糖、塩は食卓塩、酢は穀物酢、醤油は濃
  口、みそは合わせみそ(だし無添加)を使っています。
- 胡椒は黒胡椒、白だしはヤマキの割烹白だし(塩分
  10%のもの。白だしは製品によって塩分が異なるので注意
  してください)、中華調味料は創味シャンタン、酒は清
  酒(料理酒は塩分が入っているのでオススメしません)、み
  りんは本みりんを使っています。

特別な調味料

今回の本には、豆板醤・甜麺醤・ナンプラーなど少しだけ
特別な調味料が出てきます。すみませんが買ってくださ
い。(その代わり、使えるレシピをたくさん公開しています。バ
ズレシピ.comに調味料の名前を入れて検索してみてください)

味の素(うま味調味料)の使い方

うま味調味料は、「塩分」ではなく「うま味の塊」です。な
ので、塩分の強い調味料と合わせて使うと料理が美味し
くなります。つまり、醤油+味の素=「だし醤油」、塩+味
の素=「だし塩」、みそ+味の素=「だしみそ」という組み
合わせが基本です。これらをコンソメや和風だしの代わ
りに使うと、鰹節やビーフの香りを添加せずに「うま味の
み」を料理に足せるので、シンプルに、「素材の味を生か
す調味料」として、ぼくは使っています。

チューブにんにく/しょうがの計量

チューブと生は、「イチゴ」と「イチゴ味」くらいの違いが
あるので、できれば生を使ってください。ゼスターグレー
ターというおろし器がめちゃくちゃ便利です。

にんにく

生	チューブ
1/2かけ	小さじ1/2
1かけ	小さじ1
2かけ	小さじ2

しょうが

生	チューブ
5g	小さじ1
10g	小さじ2
15g	大さじ1

レシピ動画を見れるQRコード

各章の最後のページに、リュウジのYouTube動画を見れ
るQRコードを載せています。より詳しくポイントやコツを
説明しているので、一回は動画を見てもらうとレシピを自
分のものにしやすいです。

困ったら
動画見て

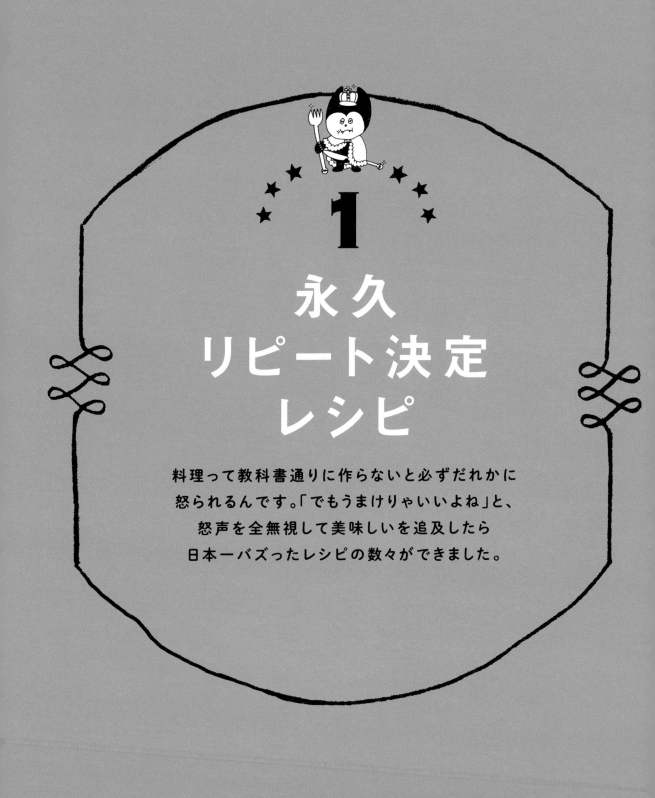

1

永久
リピート決定
レシピ

料理って教科書通りに作らないと必ずだれかに
怒られるんです。「でもうまけりゃいいよね」と、
怒声を全無視して美味しいを追及したら
日本一バズったレシピの数々ができました。

土鍋ごはんを炊飯器で再現する

至高の白米

100
RYUJI'S SUPREME COOKING RECIPE

材料（2合分）

- 白米…2合（300g）
- 酒…小さじ4
  塩分ゼロの清酒で

「米変えた?」って
絶対言われます

1 米を洗う

白米をザルに入れ、流水で軽くもみながら洗う（酸化した部分をとるため）。

2 米を研ぐ

ザルごとボウルに置き、水に浸しながら研ぐ。水を入れ替えて、これを2〜3回繰り返す。

3 給水させる

水に浸したまま冷蔵庫で1時間ほどおいて、給水させる（米が白くなって、指で押すとポロポロ崩れるくらい柔らかくなります）。

4 酒と水を入れる

水を切って、❸の米を炊飯釜に入れる。先に酒を加えたあと、2合の線まで水を入れる。

POINT

5 早炊きで炊く

早炊き（白米急速）モードで炊く（土鍋の強火→弱火の火加減を再現してます）。炊き上がったらすぐに混ぜる。※給水させた米を通常モードで炊くとベチャベチャになっちゃいます。

材料（2人前）

- 生鮭…2切れ
- 砂糖…適量

調味料

- 塩…鮭の重さの0.8%
  2切れなら2つまみほど

食べるとき

- かつおぶし…1g
- 醤油…大さじ2
  混ぜてかつお醤油にする
- 大根（おろし）…好みで

1 砂糖をふる

鮭の両面に砂糖を振って、15分おく（余計な水分が出て旨味だけが残る）。水分が浮き出てきたら水で洗い流し、ペーパータオルでよーくふきとる。

2 塩をふって焼く

グリルを強火で2～3分余熱。鮭に塩を振り、皮目を下に2～3分、裏返して8分、皮がパリッとなるまで焼く。※フライパンでもOK

いいから砂糖をたっぷりと振れ

至高の焼き鮭

100

RYUJI'S SUPREME
COOKING
RECIPE

ブリでもサバでも
同じ焼き方で
至高

ごく弱火で4分、フタをして1分

至高の 目玉焼き

100

RYUJI'S SUPREME
COOKING
RECIPE

白米・焼き鮭と合わせて、
至高の朝食の完成です

材料（1人前）

- 卵…1こ

　調味料

- 味の素…1ふり

　焼くとき

- バター…5g

　食べるとき

- 醤油…好みで
- 黒胡椒…好みで

1 卵を割り
入れる

フライパンにバ
ターをごく弱火
で熱する。卵を
器に割り入れ、
そこからフライパ
ンに流し入れる。

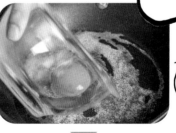

2 4分焼いて、
1分蒸す

ヘラで形を整え、
味の素をふって
4分焼く。フタを
して1分蒸す。

15

至高の煮込みハンバーグ

特別な日の
メインディッシュに
してください

「これほんとに
自分が作ったのか?」
ってなると思います

材料（2人前）

〔肉だね〕

- **Ⓐ** たまねぎ（みじん）
  …1/2こ（100g）
  塩胡椒…少々
  バター…10g
- **Ⓑ** 合いびき肉…300g
  こねる直前まで
  冷蔵庫で冷やしておく
  塩…小さじ1/4
  顆粒コンソメ…小さじ2/3
- **Ⓒ** 片栗粉…小さじ1と1/2
  パン粉…大さじ2
  水…大さじ2
  黒胡椒…好みで
  ナツメグ…6ふり

〔焼くとき〕

- バター…10g

〔煮込みソース〕

- たまねぎ（薄切り）
  …1/2こ（100g）
- 好きなきのこ…100g
- 塩…少々
- 薄力粉…小さじ4
- ケチャップ…大さじ3
- 赤ワイン…100cc
- **Ⓓ** 水…200cc
  にんにく（おろし）…1/2かけ
  砂糖…小さじ1
  顆粒コンソメ…小さじ1と1/2
  ウスターソース…大さじ1と1/2

〔仕上げ〕

- 生クリーム…好みで
- 乾燥パセリ…好みで

1 たまねぎをチンする

耐熱容器にⒶを入れて、ラップをせずに2分30秒温める。粗熱がとれるまで冷ましておく。

2 肉だねをつくる

ボウルにⒷを入れて、よくこねる。❶のたまねぎとⒸを加えて、粘り気が出るまでこねる。2つに成形する。

3 焼き目をつける

フライパンにバターを熱し、中火で2〜3分焼く。裏返して2〜3分焼き、両面に焼き目がついたら一度とりだす。

♛POINT

4 ソースを作る

たまねぎを入れ、塩をふって中火で炒める。軽く焦げ目がついたら、きのこを加えて炒める。薄力粉を加えて全体になじませたら、ケチャップも加えてしっかり炒める。赤ワインを加えて、強めの中火でペースト状になるまで煮詰める。

5 ハンバーグを煮込む

Ⓓを加えて、❸のハンバーグを戻し、弱めの中火で5〜8分とろみがつくまで煮込む（時々ソースをハンバーグに回しかける）。

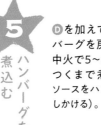

まさかの「スパイスなし」で作れました

至高の スープカレー

札幌に行きたい
全国のみなさんぜひ

材料（4人前）

- Ⓐ 鶏もも肉（4等分）…300g
  手羽元…4本
- Ⓑ にんにく（みじん）
  …3〜4かけ（15g）
  しょうが（みじん）…15g
- たまねぎ（みじん）
  …1こ（250g）
- トマト缶（ホール）…1/2缶

（調味料）

- 塩胡椒…少々
- Ⓒ 顆粒コンソメ…大さじ1
  カレー粉…大さじ1と1/2
  バター…40g
- 水…600cc
- Ⓓ ハーブソルト…小さじ2
  なければ塩を好みで
  カレー粉…大さじ1

（炒めるとき）

- オリーブ油…大さじ3

（仕上げ）

- 乾燥パセリ…好みで

（トッピングの野菜）

- ナス…好みで
- ピーマン…好みで
- パプリカ…好みで
- かぼちゃ…好みで

1　鶏肉を焼く

フライパンに油を熱し、Ⓐを皮目から入れる。塩胡椒をふって中火で焼く。焼き目がついたら一度とりだす。

2　たまねぎを炒める

（鶏肉から出た油はそのままで）フライパンにⒷを加えて柴犬色になるまで炒める。たまねぎを加えて、強めの中火で少ししんなりするまで炒める。

3　トマト缶を加える

トマト缶を加えてつぶしながら混ぜる。Ⓒを加えて、バターが溶けるまで混ぜる。

4　鶏肉を戻して煮込む

❶の鶏肉を戻し、水を加えて一度沸かす。中火にして10分ほど煮込む。Ⓓを加えて味をととのえる。

5　焼き野菜を作る

別のフライパンにオリーブ油（分量外）を熱し、中火で野菜を焼く。焼き目がついたら裏返し、フタをして、弱火で柔らかくなるまで蒸し焼きにする。

至高の
もやし炒め

レンジでもやしに
魔法をかけます

材料（1〜2人前）

レンジ

- もやし…1袋（200g）
- ラード…大さじ1
  なければサラダ油
- Ⓐ 塩…小さじ1/3
  片栗粉…小さじ1/2
  醤油…小さじ1/2
  黒胡椒…思ってる2倍
  味の素…6ふり

炒めるとき

- 豚バラ肉（4cm幅）…80g
- 塩胡椒…少々
- 長ねぎの青い部分（千切り）
  …20g
- にんにく（スライス）…2かけ
- ラード…小さじ1
  サラダ油でもOK

味変

- （好みで）ラー油

ラードはスーパーに
チューブで売ってる

1

もやしをチンする

ボウルにもやしを入れて、ラードを加え、ラップをしてレンジで1分温める。

2

下味をつける

Ⓐを加えて手でよく混ぜる。

3

豚肉と長ねぎを炒める

フライパンにラードを熱し、強火で塩胡椒した豚肉を少し焼き目がつくまで炒める。にんにくを加えて香りが出るまで炒める。長ねぎを加えて、しなっとするまで炒める。

4

もやしを入れたら10秒

❷のもやしを加えて10秒ほどサッと炒める（先にレンジで油をまとわせて熱を加えておくと、炒める時間が減らせます＝もやしがシャキシャキ）。

至高のミートソース

小さい頃に食べた、あの甘い味

100
RYUJI'S SUPREME
COOKING
RECIPE

材料（3人前）

- パスタ（1.6mm）…1人分100g
  太めがウマい

［ミートソース］

- 合びき肉…280〜300g
- 塩胡椒…少々
- にんにく（みじん）…2かけ
- Ⓐ たまねぎ（みじん）
  …1/2こ（120g）
  にんじん（みじん）…60g
- トマト缶（ホール）…1缶
- Ⓑ 黒胡椒…好みで
  顆粒コンソメ…小さじ2
  酒…大さじ3と小さじ1
  ワインだとすっぱい
  ウスターソース…小さじ2
  ケチャップ
  …大さじ3と小さじ1

［炒めるとき］

- オリーブ油…大さじ1

［ゆでるとき］

- 水と塩
  …1ℓあたり小さじ2/3

［仕上げ］

- バター…1人分10g
- 乾燥パセリ…少々
- 粉チーズ…好みで

1 具材を炒める

フライパンに油を熱し、強火で塩胡椒をしたひき肉をくずしながら炒める。色が変わったら（あまり炒めすぎない）、にんにくを加える。香りが出てきたらⒶを加えて水分を飛ばし、たまねぎが少し透き通るまで炒める。

2 トマト缶を加える

中火にして、トマト缶を加える。つぶしながら、ひき肉となじむように混ぜる。

3 調味料を加えて煮込む

Ⓑを加えて焦げないよう混ぜながら、強めの中火で5分ほど煮込む（水分が飛んで、お玉ですくうとポタポタッと落ちるくらいになったらOK）。

POINT

4 パスタにバターを絡める

別の鍋に塩水を沸かして、パスタをゆでる。表記の時間の30秒前にザルにあけて皿に移し、バターと絡めておく。❸のソースをかける。

至高のボロネーゼとは全然ちがいます

23

至高の
フライドポテト

芋じゃなく油を工夫する

材料（2〜3人前）

- じゃがいも…2〜3こ（400g）
  男爵いもがオススメ

- にんにく…4〜5かけ
  包丁の腹でつぶしておく

- Ⓐ 薄力粉…大さじ1と1/2
  片栗粉…大さじ1

[揚げるとき]

- サラダ油…半分浸かるくらい

[調味料]

- Ⓑ 塩…小さじ1/2
  薄味がよければ少なめに

  味の素…7ふり

  バター…10g

  ホワイトペッパー…6ふり
  香りがちがうから絶対買って
  （なければ黒胡椒）

[仕上げ]

- 乾燥パセリ…少々

ザックザクです
〇ック超えました

1 じゃがいもの下ごしらえ

じゃがいもを1cm厚にスライスしたあと、1cm〜1.5cm幅に長細く切る。ボウルに入れ、水に浸して軽く混ぜる。白くにごった水は捨て、もう一度水に15〜20分くらい浸しておく。

2 衣をつける

❶のじゃがいもをザルにあけて、ペーパータオルでよーくふきとる。別のボウルにⒶを入れて混ぜ、じゃがいもを加えて、全体が白くなるようにまぶす。

3 弱火で揚げる

フライパンに❷のじゃがいもとにんにくを入れ、その上から半分浸かるくらいの油を加える。火をつけて、強火で熱し、シュワシュワしてきたら弱めの中火にして10分揚げる。

4 中火で揚げる

強めの中火にして、さらに5分ほど空気に触れさせるように混ぜながら揚げる。にんにくだけとりだし、さらに3分ほど揚げる。食べてみて柔らかさを確かめ、ザルにあげて油を切る。

5 調味料をまぶす

じゃがいもとにんにくをボウルに移し、Ⓑを加えてよく混ぜる。

YouTube動画一覧

下記のQRコードをスマホのカメラで読み込んでいただくと、リュウジのYouTube動画をご覧いただけます。

（初めて見る方はびっくりされると思いますが、料理だけをご覧ください）

※見たい動画のQRコード以外は手で覆い隠しながら、スマホのカメラをかざすと読み込みやすいです。

白米	焼き鮭	目玉焼き	煮込み ハンバーグ
[QRコード]	[QRコード]	coming soon	[QRコード]

スープカレー	もやし炒め	ミートソース	フライドポテト
[QRコード]	[QRコード]	[QRコード]	[QRコード]

「リュウジのレシピは味の素使うから、買って無駄になるのが嫌で試せない」という方に朗報です。味の素に賞味期限はありません味の素に賞味期限はありません味の素に賞味期限はありません。死ぬまでに1瓶だけ使い切れば無駄にならないので、レシピに書いてあったら思い切って買ってください。

2

日本よ、これが定番だシン・おかず

お弁当に入れたい「ピーマン肉詰め」、
みんなで食べたい「すき焼き」の割下、
フライパンで作れる「シューマイ」、
絶対に外さない1軍メニューばかりです。

大根しみしみ豚ほろほろ

至高の豚バラ大根

出汁で煮てから
調味料で煮込む

材料（2〜3人前）

- 豚バラブロック肉（1cm幅）
  …500g

  赤身6:脂身4くらいのがウマい

- 大根（1.5cm幅の半月切り）
  …500g

  皮はきんぴらにできます

- しょうが（千切り）…20g

（調味料）

- かつおぶし…6g
- Ⓐ水…550cc

  酒…50cc

  味の素…3ふり

- Ⓑ砂糖…大さじ1と1/2

  醤油…大さじ3と1/2

  みりん…大さじ1と1/2

（炒めるとき）

- サラダ油…小さじ1

（味変）

- （好みで）からし

（大根の皮のきんぴら）

- 大根の皮
- Ⓒ醤油…小さじ1

  みりん…小さじ1

- かつおぶし…2つまみ
- ごま油…小さじ1

♡POINT

1 かつおぶしを粉にする

耐熱容器にかつおぶしを入れて、ラップをせずにレンジで50秒温める。粗熱がとれたら、指ですりつぶして粉状にする。

2 豚肉を焼く

フライパンに油を熱し、中火で豚肉の両面に少し焼き目をつける。出てきた油はペーパータオルでだいたいふきとる。

3 大根をだしで煮込む

しょうがを加えて炒め、香りが出てきたら大根を加える。大根に油が絡んでテカッとしてきたら、❶のかつおぶしとⒶを加えて一度沸かす。フタをして、中火で20分煮込む。

4 調味料を加えて煮込む

Ⓑを加え、フタをしてさらに20分、途中混ぜながら水分がほとんどなくなるまで煮込む。味をみて、薄ければ火を強くして少し煮詰める。

5 大根の皮のきんぴら

煮込んでいるあいだにもう1品。フライパンに油を熱し、中火で大根の皮を炒める。しなっとなってきたらⒸを加えてさらに炒め、さいごにかつおぶしを加える。

ザクザク鶏にねぎダレひたひた

至高の油淋鶏（ユーリンチー）

100
RYUJI'S SUPREME
COOKING
RECIPE

材料（2〜3人前）

- 鶏もも肉（ひと口大）…300g
- Ⓐ 塩…小さじ1/3
  醤油…小さじ1
  酒…大さじ1と1/2
  しょうが（おろし）…5g
- 片栗粉…大さじ1

（ねぎダレ）

- Ⓑ 長ねぎ（みじん）…50g
  しょうが（みじん）…10g
  砂糖…小さじ4
  ごま油…小さじ1
  醤油…大さじ2
  酢…大さじ1
  味の素…4ふり
  鷹の爪（輪切り）…1本分
  辛いのが苦手な人は減らす

（揚げるとき）

- 片栗粉…適量
- サラダ油…底から1cm

（味変）

- （あれば）花椒

噛んだときの
すばらしい音を
みなさんに届けたい

1 鶏肉に下味をつける

ボウルに鶏肉とⒶを入れて、かるくもみ込む。片栗粉も加えてさらにもみ、常温で15分おく。

2 ねぎダレを作る

別のボウルにⒷを入れて、混ぜる。

POINT

3 鶏肉に衣をつける

❶の鶏肉にたっぷりと片栗粉をまぶす（タレを吸う厚い衣になります）。

4 鶏肉を揚げる

フライパンに油を熱し、中火で柴犬色になるまで揚げる。ザルにあげて油をしっかりと切り、器に盛る。ねぎダレのねぎは上にのせ、タレは皿に回しかける。

至高のピーマン肉詰め

最小限のつなぎで最高に肉々しい

材料（2人前）

- ピーマン（半割り）…4こ

肉だね

- 合びき肉…220g
  こねる直前まで冷蔵庫で冷やしておく
- たまねぎ（みじん）
  …1/4こ（60g）
- にんにく（おろし）
  …1/2かけ
- 塩…小さじ1/3
- 片栗粉…小さじ1
- 黒胡椒…思ってる3倍

詰めるとき

- 薄力粉…適量
  ボトルタイプが使いやすい

焼くとき

- サラダ油…小さじ2
- 酒…大さじ2

ソース

- 醤油…大さじ1
- 酒…大さじ1
- みりん…大さじ1
- 味の素…3ふりで

お弁当にどうぞ

1 肉だねを作る
ボウルに肉だねの材料をすべて入れて、粘り気が出るまでこねる。

POINT ▼

2 ピーマンの下ごしらえ
ピーマンに薄力粉をまぶす。

3 肉だねを詰める
❷のピーマンに❶の肉だねをギュッと詰める。

4 肉詰めを焼く
フライパンに油を熱し、中火で❸を肉の面から焼く。しっかり焼き目がついたら裏返す。酒を加えてフタをし、弱めの中火で3〜4分蒸し焼きにする（つまようじを刺して透明な肉汁が出てきたらOK）。

5 ソースを作る
空いたフライパンにソースの材料をすべて加え、強火で煮詰めてアルコールを飛ばす。

赤ワインで煮込め

至高の すき焼き

100

RYUJI's SUPREME
COOKING

既製品の
割り下と
ちがうのは
「香り」です

材料（2〜3人前）

- 焼き豆腐…1丁
- しらたき…200g
  水道のお湯で洗って臭みをぬく
- 春菊…1袋
- えのき…200g
- 長ねぎ…1本
- 牛すき焼き用肉
  …好みで

（割り下）
- 醤油…90cc
- みりん…70cc
- 赤ワイン…70cc

- 白だし…60cc
- 砂糖…大さじ3

（焼くとき）
- 牛脂
  …1こ

---

1 割り下をつくる
ボウルに割り下の材料を入れてよく混ぜる。フライパンに入れ、強火で沸かしてアルコールを飛ばし、火を止める。

2 長ねぎだけ先に焼く
別の鍋に牛脂を熱し、中火で長ねぎを焼く。ほかの具材と❶の割り下を加えて、煮込む。

 ▶

材料（1人前）

- たまねぎ
  （おろし）
  …1/2こ（100g）
- にんにく
  （おろし）
  …1かけ

- Ⓐ 砂糖…小さじ1
  コチュジャン…小さじ2
  醤油…大さじ4
  酒…大さじ4
  みりん…大さじ4
  味の素…9ふり
- いりごま…大さじ1

100

RYUJI'S SUPREME
COOKING
RECIPE

1 タレを作る

フライパンにたまねぎとⒶを入れ、強めの中火で沸かしてアルコールを飛ばす。

2 にんにくと ごまを加える

にんにくを加え、ごまを指でひねり入れたら火を止める。粗熱がとれたら冷蔵庫で冷やす。

我が家は
レタスも焼いて、
肉巻いて食べます

至高の
我が家は
焼肉屋さん
焼き肉のタレ

肉もウマいが野菜がものすごくウマい

至高の酢豚

100
RYUJI'S SUPREME
COOKING
RECIPE

材料（2～3人前）

- 豚ロース肉（ひと口大）
  …300g
- Ⓐ卵…1こ
  塩…小さじ1/4
  黒胡椒…少々
  片栗粉…大さじ5
- たまねぎ…1/2こ（120g）
  1枚ずつはがして乱切り
- にんじん…100g
  半分に割って斜め薄切り
- ピーマン（4等分）…4こ（120g）
- にんにく（粗みじん）…1かけ

調味料

- Ⓑ砂糖…大さじ1
  ケチャップ…大さじ5
  中華ペースト…小さじ1
  醤油…小さじ1と1/2
  酢…小さじ2
  水…大さじ3
  片栗粉…小さじ1

炒めるとき

- サラダ油…大さじ3

肉と野菜、
一緒に口に入れて
食ってください

1 豚肉の下ごしらえ

ボウルに豚肉とⒶを入れて、よーくもみ込む。

2 調味料を混ぜる

別のボウルにⒷを入れて混ぜておく。

3 豚肉を揚げ焼きにする

フライパンに油を熱し、強めの中火で①の豚肉の両面をカリッと揚げ焼く。一度とりだし、油を切る。

4 残った油で野菜を炒める

空いたフライパンににんじんを並べて、中火で2分ほど焼く。たまねぎを加えてさらに炒め、少し透き通ってきたらピーマンを加える。しなっとしてきたらにんにくを加える。

5 ぜんぶ合わせる

香りが出てきたら②の調味料と③の豚肉を加え、全体を絡ませながら少し煮詰めて酸味を飛ばす。

トロッ、シャキッ、ツルッ、コリッ、プリッ

至高の春巻き

100

RYUJI'S SUPREME
COOKING
RECIPE

1本のなかに
食感のパラダイス

材料（10本分）

- 春巻きの皮…10枚
- 豚こま肉（細切り）…100g
- 塩胡椒…少々
- Ⓐ たけのこ（細切り）…120g
  キャベツ（千切り）…120g
  しいたけ（薄切り）…50g
  キクラゲ（細切り）…乾燥した
  状態で3g ぬるま湯で戻しておく
  春雨（2等分）…乾燥した
  状態で15g ぬるま湯で戻しておく

（炒めるとき）

- ラード…大さじ1 なければサラダ油

（調味料）

- Ⓑ 中華ペースト…小さじ1/2
  砂糖…小さじ1
  醤油…大さじ1
  オイスターソース…大さじ1
  黒胡椒…少々
  味の素…3ふり
- Ⓒ 水…200cc
  ごま油…小さじ2
  酒…大さじ1
  片栗粉…大さじ1

（皮を巻くとき）

- 小麦粉…大さじ1
- 水…大さじ1

（揚げるとき）

- サラダ油…底から1cm

（食べるとき）

- からし…好みで
- 醤油…好みで

1 具材を炒める

フライパンにラードを熱し、強めの中火で塩胡椒をした豚肉を少し焼き目がつくまで炒める。Ⓐを加えて、キャベツが少ししなっとするまで炒める。

2 調味料を加える

Ⓑを加えて、全体に絡むように炒める。

3 とろみをつける

Ⓒをよく混ぜて2に加える。混ぜながら、とろみがついたら火を止める。バットに移して粗熱をとり、冷蔵庫で冷やしておく。

4 皮に包む

春巻きの皮で3を包む。閉じるときは小麦粉と水を混ぜたものでくっつける。包み方は動画見て。

5 揚げる

フライパンに油を熱し、弱めの中火で柴犬色になるまで揚げる。ペーパータオルに移して油を切る。食べるときは、からしと醤油で。

ナスの下ごしらえで別次元のウマさ

至高の麻婆なす

ちょっとずつ
白米にのせて食って

材料（2〜3人前）

- 豚ひき肉…140g
- なす…3本（300g）
- 長ねぎ（みじん）…60g
- にんにく（みじん）…2かけ

（調味料）

- 塩…小さじ1/4
- 豆板醤…大さじ1
- 甜麺醤…大さじ1
- Ⓐ 水…200cc
  中華ペースト…小さじ1弱
  酒…大さじ1
- Ⓑ 醤油…大さじ1/2
  ごま油…小さじ1
  ラー油…小さじ1
- 酢…小さじ1/2

（水溶き片栗粉）

- 片栗粉…大さじ1
- 水…大さじ2

（揚げるとき）

- サラダ油…底から1cm

（仕上げ）

- ラー油…好みで
- 小ねぎ…好みで

（味変）

- （あれば）花椒…好みで

POINT

1 ナスの下ごしらえ

皮に細かく切り込みを入れて、乱切りにする。塩をまんべんなくふり、2〜3分おく。出てきた水分をペーパータオルでふきとる（この工程で余計な油を吸わなくなります）。

2 ナスを素揚げする

フライパンに油を熱し、中火で❶を写真の色になるまで揚げて、一度とりだす。

3 豚肉に焼き目をつける

フライパンに残った油をほんの少しだけ残してとりのぞく。豚肉を入れて、強火でしっかり焼き目がつくまで炒める。

4 調味料を加える

中火にし、にんにくを加えて炒める。香りが出てきたら、豆板醤を加えてさらに炒める。香りが出たら甜麺醤も加え、全体が混ざるようにサッと炒める。

5 ぜんぶ合わせる
Ⓐを加えて一度沸かす。弱火にし、❷のナス・長ねぎ・Ⓑを加えて混ぜ合わせたら、水溶き片栗粉を回し入れ、とろみをつける。味をみて、濃ければ水を足す。さいごに酢を加える。

五十嵐のシューマイ

フライパンで
作れる奇跡

100

RYUJI'S SUPREME COOKING RECIPE

材料
（24こ分）

- シューマイの皮…1パック
- Ⓐ 豚ひき肉…250g
  こねる直前まで冷蔵庫で冷やしておく
  - **たまねぎ（みじん）…1/4こ（60g）**
    できるだけ細かくして
  - **たけのこ（水煮）…60g**
    薄切りにしてからみじん切り
  - **しょうが（おろし）…10g**

〔調味料〕

- Ⓑ 塩…小さじ1/4
  - 砂糖…小さじ1と1/2
  - 中華ペースト…小さじ1/2
  - オイスターソース…小さじ1
  - ごま油…小さじ2
  - 片栗粉…大さじ1と1/2
  - 黒胡椒…思ってる3倍

〔蒸すとき〕

- ごま油…大さじ1
- Ⓒ 酒…50cc
  - 水…50cc

〔食べるとき〕

- からし…好みで
- 醤油…好みで

〔味変〕

- （好みで）醤油
- （好みで）酢
- （好みで）ラー油

1 肉だねを作る

ボウルにⒶとⒷを入れて、粘り気が出るまでこねる。

2 皮に包む

シューマイの皮で❶をつつむ。コツ→皮を肉だねに被せてつまみあげ、バットに肉を押しつけながら回すとかんたんにできます。

3 蒸し焼きにする

フライパンに油を引いて❷を並べる。Ⓒを加えてから火にかけ、フタをして一度沸かす。沸いたら弱火にして10分蒸し焼きにする。食べるときは、からしと醤油で。

実は餃子より
かんたん

キャンプで
やったら
さらに至高

至高の
タンドリーチキン

100

RYUJI'S SUPREME
COOKING
RECIPE

材料（2人前）

- 鶏もも肉（4等分）
  …320g

（調味料）

- 塩…小さじ1/2
- Ⓐ ヨーグルト
  …大さじ3

  カレー粉
  …小さじ4

  砂糖
  …小さじ1/2

  味の素…6ふり

  レモン汁
  …小さじ1

  にんにく（おろし）
  …5g

  しょうが（おろし）
  …5g
- バター…10g

見た目と
反比例する
お手軽さです

1 鶏肉の下ごしらえ

鶏肉にフォークで穴を開け、塩をすり込む。

2 調味料に漬ける

Ⓐを加え、常温で30分漬ける。

3 鶏肉を焼く

フライパンにバターを熱し、中火で火が通るまで焼く（焦げやすいから気をつけて）。

リュウジの ブリ大根

魚料理が苦手な人でもうまくいきます

ギリギリの水分量で
染みしみになりやす

材料（2〜3人前）

- ブリ（3等分）
  …3〜4切れ（300g）
- 塩…少々
- 大根…400〜450g
  1.5cm厚の半月切り

- しょうが（千切り）…10g
- しょうが（おろし）…10g

（焼くとき）
- サラダ油…大さじ1

（調味料）
- Ⓐ砂糖…大さじ1
  みりん…大さじ1
  酒…大さじ2
  醤油…大さじ2と1/2

味の素…4ふり
水…150cc

（味変）
- （好みで）七味

★1 ブリの下ごしらえ

ブリに塩をふって数分おき、出てきた水分をペーパータオルでふきとる。

★2 ブリを焼いてから大根

フライパンに油を熱し、中火でブリの片面に少し焼き目をつける。裏返したら千切りのしょうがを加える。香りが出てきたら火を止めて、大根を加える（大根はブリの下に入れる）。

★3 調味料を加えて煮込む

Ⓐとおろししょうがを加えて一度沸かす。弱めの中火にし、フタをして30分、水分が写真くらいの量になるまで煮込む。

至高のメンチカツ

したたる肉汁で
ヤケドしたらすまん

材料（2人前）

- **合びき肉**…300g
  こねる直前まで冷蔵庫で冷やしておく
- **Ⓐ たまねぎ**（粗みじん）
  …1/2こ（100g）
  バター…10g
- **Ⓑ 卵①**…1こ
  顆粒コンソメ…小さじ2/3
  粉ゼラチン…小さじ2
  肉汁を閉じ込めるので絶対入れて
  ウスターソース…小さじ2
  パン粉…大さじ4
  水…大さじ2
  塩…1つまみ
  黒胡椒…たっぷり
  ナツメグ…5ふり

（ 揚げるとき ）

- **薄力粉**…適量
- **卵②**…1こ 溶いておく
- **パン粉**…適量
- **サラダ油**…底から1cm

（ 食べるとき ）

- **中濃ソース**…好みで
- **キャベツ**（千切り）…好みで

（ 味変 ）

- （好みで）からし

揚げてる音を
MP3にして
ずっと聞いてたい

1 たまねぎをチンする

耐熱容器にⒶを入れて、ラップをせずにレンジで2分30秒温める。

2 肉だねを作る

ボウルにひき肉・粗熱がとれた❶・Ⓑを加えて、粘り気が出るまでこねる。4〜5つに分けて成形する（肉だねが柔らかすぎたら冷蔵庫で少し冷やすと固まります）。

3 衣をつける

薄力粉→溶き卵→パン粉の順にまとわせる。

4 揚げ焼きにする

小さめのフライパンに油を熱し、弱めの中火で2〜3分揚げる。裏返してさらに2〜3分揚げる（表面を少し押して、火が通ってないとブヨブヨ、火が通っていると弾力がある）。ペーパータオルに移して数分おき、余熱で火を通す。

47

至高の海老カツ

ブリップリッのアレが作れる

材料（2人前）

タルタルソース
- 卵…1こ
- Ⓐ たまねぎ（みじん）…1/8こ
  スイートピクルス（みじん）…1こ（15g）市販のもので OK
  マヨネーズ…大さじ3
  ケチャップ…小さじ2
  からし…少々
  黒胡椒…好みで

エビカツ
- エビ…殻をむいて200g
- たまねぎ（みじん）…1/2こ（100g）
- バター…10g
- 塩…1つまみ
- 卵…1こ 溶いておく
- 薄力粉…大さじ1と1/2

揚げるとき
- 薄力粉…大さじ1
- パン粉…適量
- サラダ油…底から1cm

食べるとき
- 中濃ソース…好みで
- キャベツ（千切り）…好みで

R（リュウジ）F1の開店です

1 タルタルを作る

ゆで卵を作って、みじん切りにする。ボウルに移してⒶを加え、よく混ぜる。

▽ 👑 POINT ▽

2 エビの下ごしらえ

エビの殻をむき、半分を叩き、半分をブツ切りにする。

3 たまねぎを炒める

フライパンにバターを中火で熱し、たまねぎを加え、塩をふって炒める。別のボウルに移す。

4 タネを作る

❸に❷のエビと薄力粉、溶いた卵を1/2だけ加えて混ぜる。3等分にして形を整える。

5 揚げる

薄力粉、残り1/2の溶き卵、パン粉の順にまとわせる。フライパンに油を熱し、中火で柴犬色になるまで揚げる。

パリパリのチキンに
クリームソース

至高の
チキンクリーム煮

材料（2人前）

- 鶏もも…300g
- Ⓐ塩胡椒…少々
  薄力粉…適量
- 好きなきのこ…100g
- にんにく（みじん）…1かけ
- 塩…1つまみ
- 白ワイン…50cc なければ酒
- Ⓑ生クリーム…100cc
  顆粒コンソメ…小さじ2/3

（炒めるとき）
- オリーブ油…小さじ2

（仕上げ）
- Ⓒ黒胡椒…好みで
  乾燥パセリ…少々

たまには洒落たもんを

1 鶏肉の下ごしらえ

鶏肉にⒶをまんべんなく振る。

2 鶏肉に焼き目をつける

フライパンに油を熱し、中火で①の鶏肉の両面に焼き目をつける。一度とりだす（8割ほど火が通っていればOKです）。

3 残った油できのこを炒める

空いたフライパンにきのことにんにくを入れ、塩をふって中火で炒める。白ワインを加えて沸かし、よーく水分を飛ばす。

4 生クリームと煮込む

弱火にし、②の鶏肉とⒷを加えて一度沸かす。とろみがついたら器に盛り、Ⓒを振る。

至高の
ポークソテー

リンゴのソースを
知ってるかい？

100
RYUJI'S SUPREME
COOKING
RECIPE

材料（2人前）

- 豚ロース肉…2枚
- Ⓐ 塩胡椒…少々
  薄力粉…適量

〔ソース〕
- リンゴ（みじん）…1/2こ
  皮はむかなくてOK
- 砂糖…小さじ1/2
- ぽん酢…大さじ3
- バター…15〜20g

〔焼くとき〕
- サラダ油…大さじ1

〔仕上げ〕
- 乾燥パセリ…好みで

〔味変〕
- （好みで）黒胡椒

オニオンソースより
ウマい

1 リンゴソースを作る

フライパンにバターを熱し、中火でリンゴをしなっとするまで炒める。砂糖を加えてサッと炒め、ぽん酢を混ぜ合わせたら、火を止める。

2 豚肉の下ごしらえ

赤身と脂身の境目にある筋に2cm間隔で両面とも切り込みを入れる。Ⓐをまんべんなく振る。

3 豚肉を焼く

別のフライパンに油を熱し、強火で豚肉を2分くらい焼き、裏返す。中火にして2分くらい焼いたらとりだし、器に盛る。

POINT

4 豚の旨味とソースを合わせる

空いたフライパンに❶のソースを入れ、サッと炒めて豚の旨味と混ぜ合わせる。❸にかける。

至高の肉豆腐

看板メニューで
居酒屋開ける
レベル

にんにくも
しょうがも
使わない上品な味

材料（2人前）

- Ⓐ豚バラ肉（4等分）
  …220g

  たまねぎ
  （厚めの薄切り）
  …1/2こ

  木綿豆腐（12等分）
  …1丁（300g）

  しらたき
  （ハサミで4等分）
  …200g
  水道のお湯で洗って
  臭みを抜く

- Ⓑ砂糖…大さじ1
  白だし…大さじ2
  ヤマキの割烹白だしが
  おすすめ
  醤油…大さじ3
  みりん…大さじ4
  赤ワイン…大さじ4

（仕上げ）

- 小ねぎ…好みで
- 七味…好みで

（味変）

- （好みで）タバスコ

 具材を並べる
フライパンにⒶを並べる（肉のとなりにしらたきNGは迷信）。

2 **調味料を加える**
Ⓑを加えて一度沸かす。

3 **煮込む**
沸いたらフタをして、弱めの中火で20分煮込む。

豚ミンチの
最高の食べ方

至高の肉団子

材料
（2人前）

- Ⓐ 豚ひき肉
  …300g
  塩
  …小さじ1/3
  ラード…大さじ1 サラダ油でもOK
- Ⓑ レンコン（粗みじん）…50g
  長ねぎ（みじん）…25g
  しょうが（みじん）…15g
  卵…1こ
  醤油…小さじ1
  片栗粉…大さじ1と1/2
  酒…大さじ1と1/2
  黒胡椒…好みで
  味の素…4ふり

揚げるとき
- サラダ油…底から1cm

甘酢あん
- Ⓒ 砂糖、醤油、酒、酢、ケチャップ…各大さじ2
  味の素…3ふり

水溶き片栗粉
- Ⓓ 片栗粉…小さじ1/2
  ごま油…小さじ1
  水…大さじ2

盛り付けたら
めっちゃ名店感
出ると思います

1 肉だねを作る
ボウルにⒶを入れてこねる。
Ⓑを加えてさらにこねる。

2 揚げる
フライパンに油を熱し、中火で揚げる。

3 甘酢あんを作る
別のフライパンにⒸを入れて煮詰める。Ⓓを加えてとろみをつける。

至高のプルコギ

ヤバいタレに3分
もみ込んで焼くだけ

材料（2人前）

- 牛切り落とし肉（ひと口大）
  …250g
  モモだとパサつくバラかロースで
- Ⓐたまねぎ（厚めの薄切り）
  …1/4こ（60g）
  たまねぎ（おろし）
  …1/4こ（60g）
  にんじん（千切り）…50g
  にんにく（おろし）…1かけ
- 青ねぎ（3～4cm幅）…5本
- しょうが（おろし）…5g

［調味料］
- Ⓑ砂糖…大さじ1と1/2
  醤油…大さじ1と1/2
  酒…大さじ1と1/2
  みそ…大さじ1/2
  ごま油…大さじ1
  一味唐辛子…小さじ2/3
  味の素…5ふり
- すりごま…大さじ1と1/3

［炒めるとき］
- 牛脂…1こ
  なければサラダ油

［仕上げ］
- 糸唐辛子…好みで

［味変］
- （好みで）タバスコ

1 具材をタレに漬ける

ボウルに牛肉をちぎり入れる。ⒶとⒷを加えてよーくもみ込む。

2 具材を炒める

フライパンを熱して牛脂を溶かし、強火で❶の牛肉を水分が少し残るくらいまで炒める。

3 ごま、しょうが、ねぎを加える

すりごまを加えてサッと混ぜ合わせる。しょうがを加えてサッと炒め、さいごに青ねぎを加えて、しなっとするまでざっくり炒める。

マヨネーズかけて
丼にしてもウマい

夏バテでも食える肉料理がこちら

至高の
ウンパイロー

100
RYUJI'S SUPREME
COOKING
RECIPE

材料（2人前）

- きゅうり…1/2本
- Ⓐ 豚バラブロック肉…300g
  - 長ねぎ（青い部分）…1本分
  - しょうが…5g
  - 塩…小さじ1/2
  - 水…150cc

（タレ）

- 長ねぎ…20g
- にんにく（おろし）…1/2かけ
- しょうが（おろし）…1/2かけ
- 砂糖…大さじ1
- 醤油…大さじ2
- 酢…小さじ1
- 豆板醤…小さじ1
- ごま油…小さじ1
- 味の素…4ふり
- 五香粉…1ふり

（仕上げ）

- ラー油…好みで
- 小ねぎ…好みで

鶏むねとかでもウマい

1 豚肉をチンする

耐熱容器にⒶを入れて、ラップをしてレンジで5分温める。裏返してさらに3分温める。常温で5分おき、5〜7mm幅で切る。

2 きゅうりを切る

きゅうりをピーラーで薄切りにする。

3 タレを作る

ボウルにタレの材料をすべて入れて、混ぜる。

4 盛り付ける

①の豚肉を器に盛り、②のきゅうりを載せて、③のタレをかける。

王○で発売中止になった禁断の炒め

至高のポパイ

100
RYUJI'S SUPREME
COOKING
RECIPE

栄養満点なんで
キッズの
おかずにぜひ

材料（2人前）

- ほうれんそう（4等分）
  …1束（200g）
- にんにく（粗みじん）…1かけ
- 豚こま肉（ひと口大）…120g
- Ⓐ 塩胡椒…少々
  - 酒…小さじ1
  - 片栗粉…小さじ1と1/2

（卵液）

- 卵…3こ
- 塩…1つまみ
  溶いておく

（調味料）

- Ⓑ 醤油…大さじ1弱
  - オイスターソース
    …大さじ1弱
  - 酒…大さじ1
  - 砂糖…1つまみ
  - 味の素…2ふり
- Ⓒ 黒胡椒…好みで
  - ごま油…小さじ1

（炒めるとき）

- サラダ油①…大さじ1と1/2
- サラダ油②…小さじ2

（味変）

- ラー油…好みで

---

1 ほうれんそうの下ごしらえ

ボウルにほうれんそうを入れて、水に10〜15分浸す。ザルにあけて、水気をよーく切る。そのあいだに卵液を作っておく。

2 豚肉の下ごしらえ

別のボウルに豚肉を入れ、Ⓐと卵液を大さじ1だけ加えてよーくもみ込む。

3 半熟卵を作る

フライパンに油①を引いて強火でよく熱する。残りの卵液を流し入れて手早くかき混ぜ、半熟の状態で一度とりだす。

4 具材を炒める

同じフライパンに油②を熱し、中火で❷の豚肉を少し焼き目がつくまで炒める。にんにくを加えて香りが立ったら、❶のほうれんそうを加えてさらに炒める。少ししんなりしたらⒷを加えて炒める。

5 ぜんぶ合わせる

❸を加えて全体を絡める。さいごにⒸを加えて混ぜ合わせる。

YouTube動画一覧

豚バラ大根	油淋鶏	ピーマン肉詰め	すき焼き	焼き肉のタレ
			coming soon	coming soon

酢豚	春巻き	麻婆なす	シューマイ	タンドリーチキン
				coming soon

ブリ大根	メンチカツ	海老カツ	チキンクリーム煮	ポークソテー
		coming soon	coming soon	coming soon

肉豆腐	肉団子	プルコギ	ウンパイロー	ポパイ
	coming soon		coming soon	

「なるべく苦労したくない」と考えるより「していい楽は積極的にする」って心掛けると、人生マジで楽になるし、「苦労から逃げる」という謎の罪悪感から解放されるので超おすすめです。食べることは生きることと同じ、凝り固まらず色々な目線を持つのが大事です。

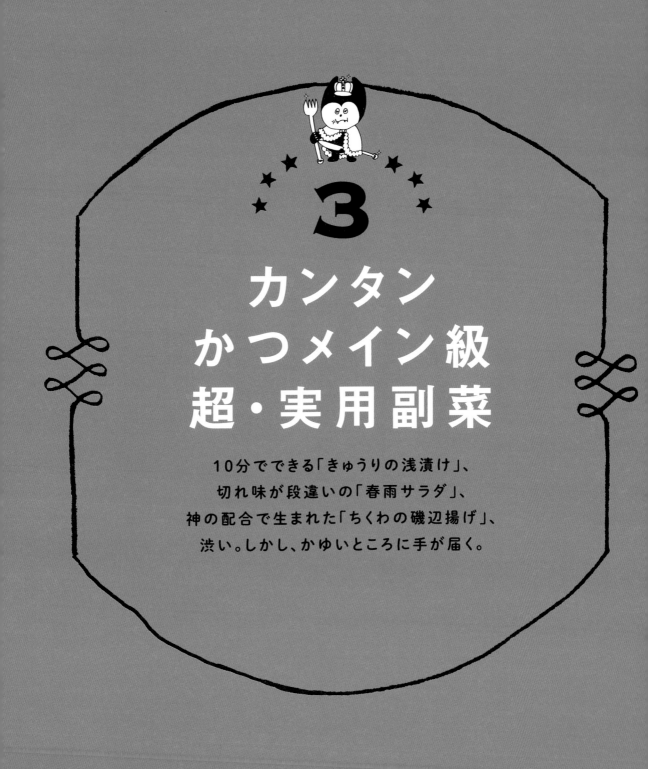

3

カンタン
かつメイン級
超・実用副菜

10分でできる「きゅうりの浅漬け」、
切れ味が段違いの「春雨サラダ」、
神の配合で生まれた「ちくわの磯辺揚げ」、
渋い。しかし、かゆいところに手が届く。

至高の浅漬け

漬け時間、たったの10分

これと塩むすび
だけでいい

材料（作りやすい分量）

- きゅうり…3本
- しょうが（薄く千切り）…10g
- かつおぶし…3g
  チンして粉にしておく

（調味料）

- Ⓐ塩…小さじ1
  きゅうりの重さの2%
  味の素…4ふり

1 きゅうりの水分を絞る

皮を2〜3ヶ所ピーラーでむき、1cm弱幅の斜め薄切りにする。ビニール袋に入れ、塩を加えてもみ、5分ほどおく。水分を絞る。

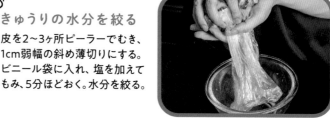

2 漬ける

しょうが、かつおぶし、Ⓐを加えてもみ込む。空気を抜き、口を結んで10分おく。好みで醤油と七味をかけて食べる。

火すら使わなくて
いい副菜

至高のキャロットラペ

材料
（作りやすい分量）

- にんじん
  （千切り）
  …1本（160g）

調味料

- 酢…大さじ1
- 塩
  …小さじ1/3
- 砂糖
  …小さじ2/3
- レモン汁
  …小さじ1
- オリーブ油
  …小さじ4
- 黒胡椒
  …思ってる2倍
- 味の素…3ふり

味変

- （好みで）
  マヨネーズ

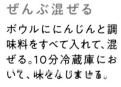

サンドイッチの
具にしてもいい

1 ぜんぶ混ぜる
ボウルににんじんと調味料をすべて入れて、混ぜる。10分冷蔵庫において、味をなじませる。

65

かつおぶしが
すべてを調和する

至高の大根サラダ

100

RYUJI'S SUPREME
COOKING
RECIPE

材料（2〜3人前）

- 大根…200g
  葉に近い部分が甘い
- かいわれ…15g
- かつおぶし…3g

┌ ドレッシング ┐
- Ⓐ 砂糖…小さじ1
  醤油…小さじ2
  すりごま…大さじ1
  マヨネーズ…大さじ3
  味の素…4ふり
  からし…4〜5cm

┌ 味変 ┐
- （好みで）
  ラー油

1 大根を切る

繊維にそって千切りにする。

POINT

2 ほかの材料と和える

ボウルに❶の大根とかいわれ、かつおぶしを入れてよく和える。

和風マヨで
つまみにもなりやす

3 ドレッシングを作る

別のボウルにⒶを入れてよく混ぜ、❷にかける。

至高のシーザーサラダ

この濃厚、レストラン級

これ1品で
1食でも大満足れす

材料（2〜3人前）

- レタス…1/2玉（200g）
- ベーコン（細切り）…50g

ドレッシング

- **Ⓐクリームチーズ…35g**
  レンジで20秒温めて
  柔らかくしておく

  顆粒コンソメ…小さじ1
  豆乳…大さじ3
  牛乳でもOK

- **マヨネーズ…大さじ2**
- **Ⓑレモン汁…小さじ1/2**
  にんにく（おろし）
  …1/2かけ
  黒胡椒…思ってる3倍

クルトン

- **6枚切り食パン…1枚**
  1.5cm角に角切り
- **オリーブ油…大さじ1と1/2**

温泉卵

- **卵…1こ**
- **水…90cc**

仕上げ

- **黒胡椒…好みで**

味変

- （好みで）粉チーズ
- （好みで）タバスコ

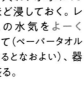 POINT

1 レタスの下ごしらえ

Ⓐボウルにレタスをちぎり入れ、氷水に10分ほど浸しておく。レタスの水気をよーく切って（ペーパータオルで絞るとなおよい）、器に盛る。

2 クルトンを作る

フライパンに油を熱し、弱めの中火で食パンをじっくり炒める（フライパンを返してカラカラっと音がすればOK）。一度とりだす。

3 ベーコンに焼き目をつける

空いたフライパンにベーコンを入れて、中火で焼き目をつける。

4 ドレッシングを作る

別のボウルにⒶを入れて、泡立て器でよーく混ぜる。マヨネーズを加えて混ぜ、Ⓑを加えてさらに混ぜる。

5 温泉卵を作る

小さめの耐熱容器に水を入れて、卵を割り入れる。つまようじで卵黄に1ヶ所穴を開け、ラップをせずにレンジで45秒温める。レタス、ベーコン、クルトン、温泉卵の順に器に盛り、ドレッシングをかける。

至高の
マカロニサラダ

にんにく味噌マヨネーズ

材料（2～3人前）

- マカロニ…100g
- Ⓐ きゅうり（薄く輪切り）…1本（80g）
  にんじん（千切り）…50g
- 塩…小さじ1/3
- ツナ缶…1缶
  まぐろのやつがおすすめ
- Ⓑ にんにく…1/2かけ
  みそ…小さじ1
  ケチャップ…小さじ1と1/2
  粉チーズ…大さじ1と1/2
  マヨネーズ…大さじ3
  黒胡椒…思ってる3倍
  味の素…6ふり

（仕上げ）
- 乾燥パセリ…少々

（ゆでるとき）
- 水…1ℓ
- 塩…10g

（味変）
- （好みで）タバスコ

水分がなによりの敵です。
死ぬ気で絞って

POINT

1 野菜の水分を絞る
ボウルにⒶを入れて、塩をふってもみ込み、数分おく。水気をよーく絞り切る。

2 ツナを加える
油を切ったツナを加える。

3 マカロニをゆでる
鍋に塩水を沸かして、表記の時間通りにゆで、ザルにあける。温かいまま❷に加える。

4 調味料を加える
Ⓑを加えて混ぜる。

からし5cmで
切れ味が段ちがい

至高の
春雨サラダ

材料（2〜3人前）

- 春雨…乾燥した状態で50g
- キクラゲ…乾燥した状態で4g
- Ⓐ きゅうり（千切り）
  …1本（100g）
  にんじん（千切り）
  …1/2本（70g）
- しょうが（千切り）…5g
- ハム（細切り）…40g

（調味料）

- 塩…小さじ1/4
- Ⓑ 砂糖…大さじ1
  醤油…大さじ1と1/2
  酢…大さじ1
  ごま油…大さじ1
  味の素…4ふり
  からし…5cm
- いりごま…3〜4つまみ

（仕上げ）

- 塩…好みで

（味変）

- （好みで）ラー油

これも握力の
限界を超えて
水気を絞ってほしい

1 野菜の水分を絞る

ボウルにⒶを入れ、塩をふってもみ込み、数分おく。水気をよーく絞り切る。

2 調味料を合わせる

別のボウルにⒷを入れて混ぜる。

3 春雨とキクラゲをゆでる

鍋に湯を沸かして、春雨とキクラゲを3分くらいゆでる。ザルにあけ、流水で冷やしたらよーく水気を絞り切る。キクラゲは千切りにする。❶に加える。

4 ぜんぶ合わせる

❷の調味料、しょうが、ハム、ごまを加えて混ぜる。味をみて、足りなければ塩を足す。

材料（2人前）

- 切り干し大根…30g
- 水…250cc
- 油揚げ（千切り）…1枚
- にんじん（千切り）…30g
- かつおぶし…2g
  チンして粉にしておく

(調味料)
- Ⓐ 醤油…大さじ1と1/2
  酒…大さじ1と1/2
  みりん…大さじ1と1/2
  味の素…4ふり

(炒めるとき)
- ごま油…大さじ1

(仕上げ)
- いりごま…好みで

(味変)
- 七味…好みで

至高の
切り干し大根

100
RYUJI'S SUPREME
COOKING
RECIPE

失われつつある文化保全

意外と
白飯もいけやす

1 切り干し大根を戻す

切り干し大根を水に15分浸して戻し、絞る（戻し汁はあとで使うので捨てない）。

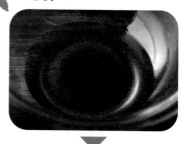

2 合わせ汁を作る

戻し汁にかつおぶしとⒶを混ぜる。

3 具材を炒めて煮込む

フライパンに油を熱し、❶の大根とにんじん、油揚げを中火でサッと炒める。❷の合わせ汁を加え、一度沸かす。フタをして弱火で10分煮込む。粗熱がとれたら冷蔵庫で冷やす。

至高のごぼうサラダ

きんぴら作ってマヨ混ぜる

材料（2～3人前）

- Ⓐ ごぼう…150g
  斜め薄切りにしたあと千切り
  にんじん（千切り）…80g
- ハム（細切り）…50g

【調味料】
- Ⓑ 砂糖…小さじ1
  醤油…小さじ2
  白だし…小さじ2
  酒…大さじ1
  みりん…大さじ1
- Ⓒ すりごま…大さじ1と1/2
  マヨネーズ…大さじ3と1/2
  黒胡椒…思ってる3倍

【炒めるとき】
- サラダ油…小さじ1と1/2

【仕上げ】
- 小ねぎ…好みで

【味変】
- （好みで）七味　・（好みで）タバスコ

弁当にこれ敷き詰めてほしい

1 きんぴらを作る
フライパンに油を熱し、中火でⒶをしなっとするまで炒める。Ⓑを加えてさらに炒める。

2 ハムを加える
粗熱がとれたらボウルに移し、ハムを加える。

3 マヨネーズと和える
Ⓒを加えてよく混ぜる。

食感
足りなかったのは

五臓の冷奴

材料
（作りやすい分量）

- 豆腐…150g（1人分）

（タレ）

- Ⓐ 長ねぎ（みじん）
　…5cm
　にんにく（おろし）
　…ほんの少し
　ピーナッツ…10g
　くだいておく
　砂糖…小さじ1/2
　オイスターソース
　…小さじ1
　ごま油…小さじ1
　ぽん酢…大さじ1
- ねりごま
　…大さじ1/2

（味変）

- （好みで）ラー油

タレを作る
Ⓐをよく混ぜる。ねりごま
を加えてさらに混ぜる。

ピーナッツ効いてます

至高のごま和え

「ゆで方」で
ここまで変わるのか

100
RYUJI'S SUPREME
COOKING
RECIPE

材料
（2人前）

- ほうれんそう（4等分）
  …1束（220g）
  根元は細かく切り分ける
- かつおぶし…2g
  チンして粉にしておく

（ゆでるとき）
- 水…1500cc
- 塩…小さじ1弱

（醤油洗い）
- 醤油…小さじ1

（調味料）
- Ⓐ砂糖…小さじ1と1/2
  醤油…小さじ1と1/2
  すりごま
  …大さじ1と1/2
  水…大さじ1
  味の素…2ふり

ほうれんそうは
根元がウマいので
捨てない

 ほうれんそうをゆでる
鍋に塩水を沸かす。根元を入れて1分、茎を加えて40秒、さいごに葉を加えて20秒ゆでる。

 醤油洗いをする
ザルにあけ、流水で冷やして水気をよーく絞る。ボウルに移し、醤油を加えて混ぜ、もう一度よーく絞る。

 調味料と和える
ボウルに移し、かつおぶしとⒶを加えてよく混ぜる。

77

栄養満点、
リュウジママの味

至高の白和え

材料（2人前）

- 木綿豆腐…1/2丁（150g）
  水を切っておく

- ほうれんそう（4等分）
  …1/2束（100g）

- にんじん（千切り）…50g

- しめじ（2等分）
  …1/2パック（50g）

- かつおぶし…3g
  チンして粉にしておく

（調味料）

- 塩…小さじ1/3
- 砂糖…小さじ2
- 醤油…小さじ1
- すりごま…大さじ1
- 味の素…3ふり

（ゆでるとき）

- 水…1500cc
- 塩…小さじ1と1/2

（醤油洗い）

- 醤油…小さじ1

地味ですが
丁寧に作ると
ここまでウマい

1 豆腐をつぶす

豆腐をザルにのせ、ヘラで押しつけてつぶす。

2 調味料を加える

❶にかつおぶしと調味料を加えてよく混ぜる。冷蔵庫で冷やしておく。

POINT

3 野菜をゆでる

鍋に塩水を沸かす。ほうれんそうの根元と茎とにんじんを入れて1分、しめじを入れて1分、ほうれんそうの葉を入れて1分ゆでる。

4 醤油洗いをする

ザルにあけ、流水で冷やして水気をよーく絞る。ボウルに移し、醤油を加えて混ぜ、もう一度よーく絞る。

5 野菜と豆腐を合わせる

❹に❷を加えてよーく混ぜる。

夏に食いたい
ナス&ズッキーニ

至高の
ラタトゥイユ

タバスコかけたら
酒のつまみ

材料（3〜4人前）

- ナス（輪切り1cm幅）
  …3本（250g）
- Ⓐ たまねぎ…1こ（250g）
  4等分して繊維と垂直に1cm幅
  ズッキーニ（8mm幅）
  …1本（200g）
- にんにく（粗みじん）…2かけ

炒めるとき
- オリーブ油…大さじ2

調味料
- 塩①…小さじ1/4
- 塩②…小さじ1/4
- 顆粒コンソメ…小さじ2
- トマト缶（ホール）…1缶
- Ⓑ 酒…大さじ3
  乾燥バジル
  …小さじ2/3

温泉卵
- 卵…1こ
- 水…90cc

仕上げ
- 塩…好みで
- オリーブ油…好みで

味変
- （好みで）タバスコ

POINT

1 ナスの下ごしらえ
ナスに塩①をまんべんなく振り、数分おく。出てきた水分をペーパータオルでふきとる。

2 ナスを炒める
フライパンににんにくを入れ、油を加えて中火で熱する。シュワシュワ音がしてきたら弱めの中火にしてナスを加える。少ししなっとするまで炒める。

3 ほかの具材も加える
Ⓐと塩②を加えてサッと炒める。コンソメを加え、強めの中火でさらに炒める。

4 トマト缶を加えて煮込む
全体がツヤっとしてきたら、トマト缶をつぶしながら加えて一度沸かす。Ⓑを加え、中火でフタをせずに、たまに混ぜながら8分煮込む。味をみて、足りなければ塩を足す。

5 温泉卵をつくる
小さめの耐熱容器に水を入れて、卵を割り入れる。つまようじで卵黄に1ヶ所穴を開け、ラップをせずにレンジで45秒温める。❹を器に盛り、好みでオリーブ油を回しかけて、温泉卵をのせる。

至高の ナスみそ

噛むと
ジュワトロなす

肉がなくても
メインの
おかずになりやす

材料（2人前）

- ナス（乱切り）
  …3本（250g）
  皮に細かく切れ目を入れる
- 塩胡椒…少々
- 鷹の爪（輪切り）…好みで

（味噌ダレ）
- にんにく（おろし）
  …1/2かけ
- 砂糖…小さじ2
- 酒…小さじ2
- みりん…小さじ2
- みそ…大さじ1と2/3
- 味の素…5ふり

（炒めるとき）
- ごま油…大さじ1と1/2

（仕上げ）
- いりごま…好みで

1 ナスの下ごしらえ
塩胡椒をまんべんなく振り、軽くもんで数分おく。出てきた水分をペーパータオルでふきとる。

2 ナスを焼く
フライパンに油を熱し、中火で❶を皮を下にして焼く。焼き目がついたら裏返し、鷹の爪を加える。弱めの中火で火を通す（つまようじがスッと通ればOK）。

3 味噌ダレを加える
弱火にし、味噌ダレの材料を混ぜ合わせたものを加え、全体に絡める。器に盛り、いりごまを指でひねり入れる。

至高のホイル焼き

いちばんウマい きのこの調理法

材料（2人前）

- しめじ、まいたけ、エリンギ
  …各1/2パック（50gずつ）
  好きなきのこでOK
- バター…15g
- Ⓐ 醤油…小さじ1
  酒…小さじ1
  白だし…小さじ2
  みりん…小さじ4

（仕上げ）

- レモン…1切れ
- 小ねぎ…好みで
- 七味…好みで

（味変）

- （好みで）ゆず胡椒

香りで飲めます
飲酒の秋

⭐**1** きのこに下味をつける
きのこを食べやすい大きさにほぐしてボウルに入れる。Ⓐを加えてよーくもみ込む。

⭐**2** ホイルに包む
アルミホイルに❶を入れ、バターをのせて包む。

⭐**3** 蒸し焼きにする
フライパンに❷をのせ、表面に薄く水（分量外）を張る。フタをして中火で3分→弱火で5分蒸し焼きにする。

技術がなくてもトロトロは作れる

至高のオムレツ

材料（1人前）

- 卵…2こ
  冷蔵庫から出したてを使う

- 塩…1つまみ

- Ⓐ片栗粉
  …小さじ1/2
  水…大さじ1
  ホワイトペッパー
  …2ふり
  なければ黒胡椒
  味の素…1ふり

（焼くとき）

- サラダ油…小さじ2

（味変）

- （好みで）ケチャップ

動画見たほうが早いす

1 卵液を作る

ボウルに卵を割り入れ、塩を加えて泡立て器でよーく溶く。Ⓐを加えて、もう一度よーく混ぜる。

2 かき混ぜながら火を入れる

フライパンに油を弱めの中火でよーく熱する。❶の卵液をもう一度軽く混ぜてから流し入れる。すぐにジュワ～ッと半熟になるので、フライパンを持ち上げて火から少し離す。箸で底をなぞるように全体を手早く20秒くらいかき混ぜる。

3 フチをヘラで整える

火から離したまま、フチの部分をヘラでちょんちょんと中に入れ込み、整える。

4 形をまとめる

フライパンを揺すってもほとんど卵が動かなくなったら火を止め、折りたたむように形をまとめる。

5 ひっくり返す

もう一度弱火にかけ、つなぎ目の部分をフライパンの端に押しつけてくっつける。裏返して器に盛る。

至高の鶏ハム

こわれてしまいそうな
やわらかさ

材料
（作りやすい分量）

- 鶏むね肉…350g
  常温に戻しておく
- Ⓐ 塩…小さじ1
  酒…大さじ1
  水…大さじ2
  黒胡椒…4ふり
  味の素…5ふり

（ゆでるとき）
- 水…1500cc

鶏肉はかならず
常温に戻す。
最高の火の通りに
なりやす

 鶏肉を袋に入れる
耐熱のビニール袋に鶏肉とⒶを入れて、口を閉じる。

 沸騰したお湯に浸す
鍋にお湯を沸かして火を止める。❶を浸す。

 1時間放置する
フタをして、1時間放置する。

この衣、神の配合 ひとつかみの磯辺揚げ

材料
（作りやすい分量）

- ちくわ（斜め切り）
  …5本（120g）
- かつおぶし…2g
  チンして粉にしておく
- Ⓐ 塩…小さじ1/4
  青のり…小さじ1
  片栗粉…大さじ1と2/3
  薄力粉…大さじ1と2/3
  炭酸水…大さじ2と1/2
  なければ水でもOK
  味の素…2ふり

（揚げるとき）
- サラダ油…底から1cm

（仕上げ）
- 塩…好みで

（味変）
- マヨネーズ…好みで
- 七味…好みで

スナックみたいに
超ザックザク

1 衣を作る
ボウルにかつおぶしとⒶを加えて混ぜる。

2 ちくわを和える
❶にちくわを加えてよく全体に絡ませる。

3 揚げる
フライパンに油を熱し、中火で2分30秒〜3分揚げる（ちくわは膨らむので、詰めすぎないように）。

これさえあれば、
なんでもウマい

至高の
ねぎ塩ダレ

100

RYUJI'S SUPREME
COOKING
RECIPE

材料（作りやすい分量）

- 長ねぎ（みじん）…1本
- Ⓐ にんにく（おろし）…1/3かけ
  砂糖…小さじ1/2
  塩…小さじ1/2
  味の素…小さじ1/3
  醤油…小さじ1/2

  レモン汁…小さじ1
  オイスターソース…小さじ2
  すりごま…大さじ1
  ごま油…大さじ2
  黒胡椒…思ってる3倍

1 長ねぎを水にさらす

ザルに長ねぎを入れて、水を張ったボウルに10分〜15分ほど浸しておく。よーく絞って水気を切る。

2 調味料を合わせる

別のボウルにⒶを入れて、よーく混ぜる。

3 ぜんぶ合わせる

❶の長ねぎと❷の調味料を混ぜ合わせる。豆腐、焼いた肉やしいたけなどにかける。

肉、魚、豆腐、野菜、ぜんぶ合います

YouTube 動画一覧

浅漬け

キャロットラペ

大根サラダ

シーザーサラダ

マカロニサラダ

春雨サラダ

ごぼうサラダ

切り干し大根

冷奴

coming soon

ごま和え

白和え

ラタトゥイユ

ナスみそ

ホイル焼き

オムレツ

鶏ハム

coming soon

磯辺揚げ

ねぎ塩ダレ

こういう地味な副菜レシピは本当にバズらないし作られないんですが、伝統的な作り方を踏襲しつつ現代人の舌に合うようにカスタマイズしてありますのでぜひ作ってほしい。なんならこれだけでごはんイケてしまうウマさです。おばんざい屋さんで一番人気の味をイメージしました（動画はできれば見ないほうがいい割烹着の変態が作ってます）。

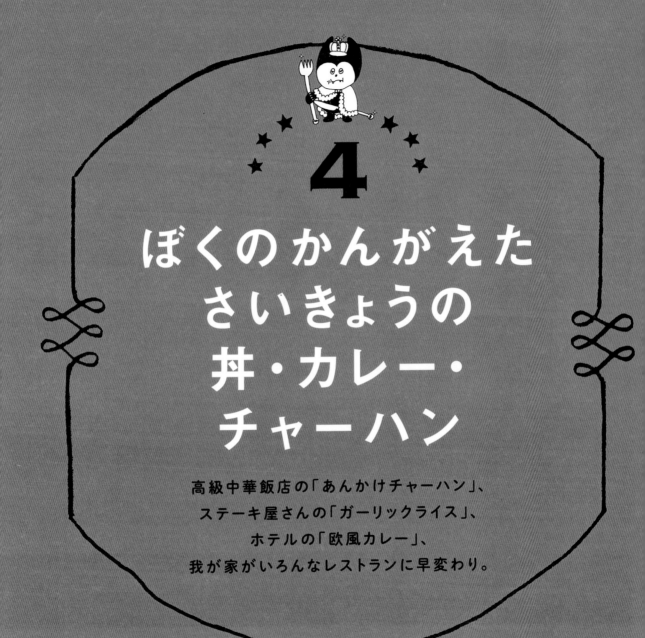

4

ぼくのかんがえた
さいきょうの
丼・カレー・
チャーハン

高級中華飯店の「あんかけチャーハン」、
ステーキ屋さんの「ガーリックライス」、
ホテルの「欧風カレー」、
我が家がいろんなレストランに早変わり。

お弁当、毎日これがよかった

ひと月の そぼろ丼

RYUJI'S SUPREME
COOKING
RECIPE

材料（1人前）

- ごはん…200g

（肉そぼろ）

- 豚ひき肉…80g
  鶏ひき肉でもOK
- しょうが（みじん）…5g
- Ⓐ醤油…小さじ1
  白だし…小さじ2
  酒…大さじ1
  みりん…大さじ1

（卵そぼろ）

- 卵…2こ
- Ⓑ塩…1つまみ
  砂糖…小さじ2
  酒…小さじ2
  白だし…小さじ1

（炒めるとき）

- サラダ油…小さじ1
- ごま油…小さじ2

（味変）

- （好みで）ラー油

1 肉そぼろを作る

フライパンにサラダ油を熱し、中火でしょうがを炒める。香りが出てきたら弱火にし、Ⓐを加える。豚肉を加え、くずしながら水分がほぼなくなるまで煮詰める。

2 卵液を作る

ボウルに卵を割り入れ、Ⓑを加えてよーく溶く。

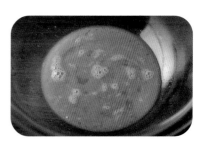

3 ごま油で炒り卵を作る

別のフライパンにごま油を中火でよく熱する。❷の卵液を流し入れたら、箸で底をなぞるよう全体を手早くかき混ぜて、火を止める。

肉はしょっぱめ、
卵は甘め

むしろ甘さが際立つ
食べやすさ

至高の
キムチ炒飯

材料（1人前）

- 豚バラ肉…70g
  細かくきざんでおく
- 塩胡椒…少々
- 卵…1こ　溶いておく
- たまねぎ（みじん）…1/4こ（60g）
- にんにく（おろし）…1/2かけ
- 白菜キムチ（粗みじん）…100g
  国産の甘めのやつがいい
- ごはん…200g
- Ⓐ 砂糖…小さじ1/2
  黒胡椒…思ってる3倍
  味の素…5ふり
- Ⓑ 醤油…小さじ1
  酒…小さじ1

（炒めるとき）
- ごま油…大さじ1

（仕上げ）
- 小ねぎ…好みで
- 白菜キムチ…好みで

（味変）
- （好みで）ラー油

たまねぎのみじん切りが
ポイントれす

1 材料をぜんぶ並べる

食材をすべて刻み、作業台にすべての材料を用意する（炒めはじめたらスピード勝負）。

2 美味しい油を作る

フライパンに油を熱し、強火で塩胡椒した豚肉を脂が溶け出てくるまで炒める。

▽ POINT ▽

3 キムチの水分を飛ばす

キムチを汁ごと加え、さらに炒めて水分を飛ばす。

4 卵とごはんを炒める

スペースを空けて、卵→ごはんと順に加えて手早く炒める。

5 調味料を加える

全体がざっくりほぐれたら、たまねぎとにんにく・Ⓐを加えてさらに炒める。さいごにⒷを加えてサッと炒める（少しの水分が米をパラパラとしっとりの中間、最高の状態に仕上げてくれます）。

至高のあんかけチャーハン

やさしさであふれるアッアツ

完全に
高級中華飯店

材料（1人前）

あん

- カニカマ…30g
- ねぎの青いところ…少々
- Ⓐ 水…150cc
  - 片栗粉…小さじ1
  - 酒…小さじ1
  - オイスターソース…小さじ1
  - 中華ペースト…小さじ1/3
  - ごま油…小さじ1
  - 塩…1つまみ
  - 黒胡椒…好みで
- 卵①…1こ
  - 卵黄と卵白に分ける

チャーハン

- 卵②…1こ
- しょうが…3g
- ごはん…200g
- Ⓑ 塩…小さじ1/3
  - 黒胡椒…好みで
  - 味の素…7ふり
- 酒…大さじ1

炒めるとき

- ラード①…3cm
- ラード②…7cm

仕上げ

- 小ねぎ…好みで

1 あんを作る

フライパンにラード①を熱し、中火でカニカマとねぎを炒める。Ⓐを加えて一度沸かす。

2 卵白を加える

弱火にし、卵白だけ混ぜ入れる。残った卵黄はもう1この卵といっしょに溶いておく。

3 チャーハンを作る

別のフライパンにラード②を熱し、しょうがを入れて炒め、香りが出てきたら、卵とごはんを加えてさらに炒める。Ⓑを加えて全体を混ぜ合わせる。仕上げに酒を加えてサッと炒める。

4 あんをかける

❸を器に盛り、❶のあんをかける。仕上げに小ねぎをのせる。

ステーキ屋さんの味です

至高の ガーリックライス

肉がなくても
牛脂と米だけでウマい

材料（1人前）

- 牛ステーキ肉…1枚
- 塩胡椒…少々

（ガーリックチップ）

- にんにく①（スライス）…1かけ
- 牛脂…1/2こ

（ごはんを炒めるとき）

- ごはん…200g
- たまねぎ（みじん）…1/4こ（60g）
- にんにく②（粗みじん）…1かけ
- バター10g
- Ⓐ塩…小さじ1/4
  味の素…5ふり
- 黒胡椒…思ってる3倍
- 醤油…小さじ1

（仕上げ）

- Ⓑ黒胡椒…好みで
  醤油…好みで
- ベビーリーフ…好みで

（味変）

- （好みで）わさび

---

1 牛肉の下ごしらえ

肉の赤身と脂身の境目にある筋に2cm間隔で両面とも切り込みを入れ、塩胡椒を両面に振っておく。

2 ガーリックチップを作る

フライパンを熱し、牛脂を溶かす。油たまりにスライスしたにんにくを入れて、柴犬色になるまで炒める。一度とりだす。

POINT ▼

3 牛肉を焼く

残った油を全体に伸ばす。牛肉を入れ、強めの中火で両面を1分ずつ焼き、焼き目がついたら一度とりだす。アルミホイルで包んで保温しておく。

4 ごはんを炒める

空いたフライパンにバターを入れて溶かし、みじん切りしたにんにくを炒める。香りが出てきたらたまねぎを加え、少し透き通るまで炒める。ごはんとⒶを加えて炒める。全体が混ざったら黒胡椒を加える。醤油を全体に振りかける。

5 ステーキをのせる

❹を器に盛り、❸のステーキをそぎ切りにしてのせる。❷のガーリックチップをのせ、仕上げにⒷを回しかける。ベビーリーフを添える。

至高の 焼きおにぎり

夜食に出されたら
泣いちゃう

材料（2こ分）

- 温かいごはん
  …200g
- かつおぶし…3g
  チンして粉にしておく

調味料

- Ⓐ 醤油…大さじ1
  砂糖…小さじ1/2
  味の素…2ふり

味変

- （好みで）ラー油

白だしで
お茶漬けにしたら
ヤバい

 調味料を合わせる
ボウルにかつおぶしとⒶを入れて混ぜ、ラップをせずにレンジで30秒温める。

 ごはんに味つけする
ごはんを加えてよく混ぜ、2つに握る。

3 トースターで焼く フライパンでもOK
トースターのトレイにクッキングシートを敷いて❷をのせ、250℃で5分〜7分ずつ両面焼く。

もはや立派な
丼モノ

至高の

1000パック食って
たどり着いた至高

納豆ごはん

材料（1人前）

- ごはん…茶碗1杯分
- 納豆…1パック
- 長ねぎ（みじん）…20g
- 卵…1こ
  卵黄と卵白を分ける

調味料

- **A** ごま油
  …小さじ1と1/2
  味の素…3ふり

食べるとき

- 醤油…好みで

1 納豆を混ぜる
納豆をなにも入れずによく混ぜる。

2 長ねぎ、卵黄、タレ・からし
長ねぎを加えてよく混ぜ、卵黄と付属のタレ・からしを加えて、さらに混ぜる。

3 卵白とごはん、調味料を混ぜる
炊飯器のごはんをレンジで20秒温めて、熱々にする。ごはんに卵白と**A**を加え、熱で卵白が半熟状になるまで混ぜる。**2**の納豆をのせて、醤油をかける。

至高の欧風カレー

ホテルで感動した
あの味がここに

ライスもいいけど
パンもおすすめ

材料（3～4人前）

- 牛カレー用肉（角切り）
  …360g
- **Ⓐ** 塩胡椒…少々
  薄力粉…小さじ2
- たまねぎ（薄切り）
  …1と1/2こ（300g）
- マッシュルーム（4等分）
  …1パック（150g）

[調味料]

- 赤ワイン…350cc
- **Ⓑ** デミグラスソース…1缶
  砂糖…小さじ2
  ウスターソース
  …小さじ1と1/2
  顆粒コンソメ…大さじ1
  バター…20g
  水…50cc
  にんにく（おろし）
  …1かけ
- カレー粉…大さじ2

[炒めるとき]

- サラダ油①…小さじ1
- サラダ油②…大さじ1

[仕上げ]

- 生クリーム…好みで
- 乾燥パセリ…少々

★1 たまねぎをチンする

耐熱容器にたまねぎを入れて、ラップをせずにレンジで4分温める。

★2 牛肉を焼く

牛肉に**Ⓐ**をまんべんなく振り、もみ込む。フライパンに油①を熱し、中火で牛肉を全体に焼き目がしっかりつくまで炒める。一度とりだす。

POINT

★3 飴色たまねぎを作る

空いたフライパンに油②を熱し、強火で❶のたまねぎを全体の3～4割に焦げ目がつくまで炒める（ヘラで広げて焼きつける→1分経ったら裏返すのを繰り返す）。

★4 赤ワインで煮込む

マッシュルームと❷の牛肉を加えて混ぜ合わせたら、赤ワインを加えて一度沸かす。弱めの中火にし、フタをせずに20分ほど煮込む。

★5 デミグラスソースで煮込む

Ⓑを加え、フタをして弱火で20分煮込む（焦げないようたまに混ぜる）。さいごにカレー粉を加えて混ぜる。味をみて、しょっぱかったら水を足す。

料理は「香り」なんだってわかる

王道の海老ピラフ

あと入れだから
エビが固くなりません

材料（2合分）

- エビ（殻つき）…220g
- Ⓐ 片栗粉…小さじ1
  酒…小さじ2
  塩胡椒…少々
- Ⓑ たまねぎ（みじん）
  …1/2こ（100g）
  にんじん（みじん）…60g
  マッシュルーム（薄切り）
  …80g
  ベーコン（みじん）
  …80g
- 洗っていない米…2合
- ピーマン（みじん）…1こ（50g）

〔調味料〕

- Ⓒ 顆粒コンソメ…大さじ1
  バター…30g
- Ⓓ 塩…小さじ1/2
  酒…大さじ2
  水…380cc

〔炒めるとき〕

- オリーブ油①…大さじ2
- オリーブ油②…小さじ1

〔仕上げ〕

- 黒胡椒…好みで

1　エビの下ごしらえ

エビの殻をむき（あとで使うので捨てない）、縦に真っ二つに切る。Ⓐをふってもみ込む。フライパンに油①を熱し、エビの殻を中火で炒めて、色が変わったら一度とりだす。

2　米と具材を炒める

空いたフライパンにⒷとⒸを加えて炒める。しんなりしたら、米を加えて全体がなじむまで炒める。

3　炊飯器で炊く

❷を炊飯器に移す。Ⓓを加え、エビの殻をのせて炊く。

POINT

4　エビとピーマンをあと入れ

炊き上がる直前になったら、フライパンに油②を熱し、エビとピーマンを炒める。

5　ぜんぶ混ぜ合わせる

炊き上がったら殻を取り、❹を炊飯器に加えて混ぜる。仕上げに黒胡椒を振る。

至高の
タコライス

これ食うために
スパイス買って

材料（2人前）

ソース

- **A** たまねぎ（くし切り）…1/4こ（60g）

  にんにく…2かけ

  包丁の腹でつぶしておく

  鷹の爪…1本

  辛いのが苦手な人は減らす

- トマト缶（ホール）…1/2缶

- **B** 塩…1つまみ

  顆粒コンソメ…小さじ1

タコミート

- 合いびき肉…200g

- 塩胡椒…少々

- **C** たまねぎ（みじん）…1/4こ（60g）

  にんにく（みじん）…2かけ

- **D** ケチャップ…大さじ2

  ウスターソース…小さじ2

  顆粒コンソメ…小さじ1

- **E** チリパウダー…小さじ1と1/3

  オレガノ…小さじ1

  クミン…小さじ1

炒めるとき

- サラダ油①…大さじ1と1/2

- サラダ油②…小さじ2

盛りつけ

- レタス（千切り）…2枚

- ピザ用チーズ…50g

- ごはん…200g

仕上げ

- 乾燥パセリ…少々

味変

- （好みで）カイエンペッパー

1 ソースを作る

フライパンに油①を熱し、中火で**A**を炒める。少し透き通ってきたらトマト缶をつぶしながら加える。**B**を加えて全体がグツグツするまで炒める。チョッパー（ミキサー）にかけてソース状にする。

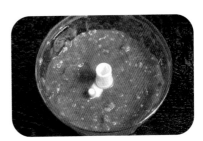

2 タコミートを作る

フライパンに油②を熱し、中火で塩胡椒したひき肉を炒める。焼き目がついたら**C**を加えて、少し透明になるまで炒める。**D**を加えて混ぜ合わせる。さいごに**E**を加えてサッと炒める。

3 ごはんにのせる

ごはんにレタス、**2**のタコミート、ソース、チーズの順にのせる。

余ったスパイスの使い方は「印度カリー子」で検索

至高の漬け丼

スーパーのマグロがここまでになるとは

材料
（2人前）

- **マグロ赤身…200g**
  薄めにそぎ切り

（調味料）

- **Ⓐ 酒…大さじ1**
  みりん…大さじ1
- **醤油…大さじ3**
- **Ⓑ 味の素…1ふり**
  かつおぶし…2g

（仕上げ）

- **ごはん…200g**
- **Ⓒ 大葉…好みで**
  わさび…好みで
  いりごま…好みで

（味変）

- **（好みで）ホワイトペッパー**

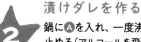

クリスタルのように
輝くぜ

⭐1 マグロの下ごしらえ

バットにマグロを並べ、ラップをして冷蔵庫で冷やしておく。

⭐2 漬けダレを作る

鍋にⒶを入れ、一度沸かして火を止める（アルコールを飛ばす）。醤油を加え、もう一度沸かして火を止める。Ⓑを加えて混ぜる。粗熱がとれたら冷蔵庫で冷やしておく。

⭐3 マグロを漬ける

❷をザルでこしながらマグロにまんべんなくかける。マグロに直接くっつくようにラップをして、3時間〜ひと晩寝かせる。ごはんにマグロとⒸをのせ、漬けダレをかける。

王様の卵がゆ

ぼくの母親の味です

100

RYUJI'S SUPREME COOKING RECIPE

材料
（1人前）

- 米…カップ100ccの線まで
- 卵…1こ
- Ⓐ 白だし…大さじ1強

  かつおぶし
  …大さじ1

  塩…少々
- 水…500cc
- 小ねぎ…好みで

食べると
泣きそうになるのは
なんでだろう

 だしを作る
鍋に水を沸かし、Ⓐを加える。

 米を煮込む
洗った米を加えて、フタをせずに弱めの中火で20分煮込む。

 卵を混ぜる
卵をかるく溶き入れて30秒加熱する。サッと混ぜ、味をみて、足りなければ塩を足す。

109

飲めるほど
トロトロ

至高の天津飯

材料（1人前）

- 卵… 2こ
- Ⓐ 長ねぎ（斜め細切り）… 30g
  - カニカマ…6本（約40g）
  - 細かく割いておく
- ごはん…200g
- Ⓑ マヨネーズ…小さじ2
  - 塩 …1つまみ
  - 黒胡椒…好みで
  - 味の素… 3ふり

あん

- Ⓒ 水…110cc
  - 中華ペースト…小さじ1/3
  - 片栗粉…小さじ1
  - 醤油…小さじ1/2
  - 酒…小さじ1
  - オイスターソース…小さじ1
  - ごま油…小さじ1

炒めるとき

- サラダ油①…小さじ1
- サラダ油②…大さじ1

安い具材しか
使ってないのにね
料理は工夫次第れす

1 卵を溶いておく

ボウルに卵を割り入れ、よーく溶く。

POINT ▼

2 具材を炒める

フライパンに油①を熱し、中火でⒶを炒める。長ねぎがしなっとしたら火を止め、❶にドボンと加える。

3 調味料を加える

Ⓑを加えてよーく混ぜる。

4 カニ玉を作る

フライパンに強めの中火で油②をよく熱する。卵液を流し入れ、箸で底をなぞるように全体を手早くかき混ぜたら火を止める。ごはんの上にのせる。

5 あんを作る

空いたフライパンにⒸを入れて混ぜる。火をつけて、さらに混ぜながら全体がグツグツしたら火を止める。❹にかける。

石焼きをフライパンで
再現しやした

至高のピビンバ

カセットコンロの上で
焼きながら食うと至高

材料（1人前）

- 卵…1こ 卵黄と卵白に分けておく
- キムチ…60g ハサミで細かく切る
- ごはん…200g

（ナムル）

- もやし…60g
- ニラ（3〜4cm幅）…1/4束（25g）
- にんじん（千切り）…30g
- Ⓐ塩…小さじ1/4
  - 味の素…3ふり
  - ごま油…大さじ1/2

（肉そぼろ）

- 合いびき肉…80g
- Ⓑ醤油…大さじ1
  - 酒…大さじ1
  - みりん…大さじ1
  - 砂糖…小さじ2
  - 黒胡椒…好みで
  - 味の素…3ふり
  - にんにく（おろし）…1/2かけ

（炒めるとき）

- サラダ油…小さじ1
- ごま油①…小さじ1
- ごま油②…小さじ1

（タレ）

- コチュジャン…大さじ1
- 砂糖…小さじ1
- 酢…小さじ1
- にんにく（おろし）…少々

（仕上げ）

- 小ねぎ…好みで

（味変）

- （好みで）マヨネーズ

1 ナムルを作る

フライパンにサラダ油を熱し、中火でにんじん→もやし→ニラの順にサッと炒める。ボウルに移してⒶを加え、混ぜ合わせる。

2 キムチを炒める

空いたフライパンにごま油①を熱し、中火でキムチをサッと炒めて一度とりだす。

3 肉そぼろを作る

フライパンをペーパータオルで一度ふく。ひき肉を入れて、強めの中火でしっかり焼き目をつける。Ⓑを加えて、水分が肉に絡まる程度になるまで煮詰める。一度とりだす。

👑POINT

4 ごはんを炒める

空いたフライパンにごま油②を熱し、ごはんと卵白を加えて中火で炒める。ごはんに焦げ目がついたら火を止める。

5 ぜんぶ合わせる

❹のごはんを真ん中にまとめ、その上に❶のナムルと❷のキムチ、❸の肉そぼろをのせる。混ぜ合わせたタレを好みの量、回しかける。さいごに卵黄をのせる。

トロトロ肉で
白米を飲み干す

至高のルーローハン

この世界に台湾料理が
生まれてよかった

材料（2〜3人前）

- 豚バラブロック肉
  （1cm角）…400g
- 卵…3こ
  ゆで卵にしておく
- たまねぎ（薄切り）
  …1/2こ（120g）
- 塩…1つまみ
- にんにく（粗みじん）
  …2かけ
- Ⓐ 水…350cc
  砂糖…大さじ1
  醤油…大さじ4
  酒…大さじ3
  中華ペースト
  …小さじ2/3
  五香粉…小さじ1/2
  これが台湾の味だから
  絶対買って
  オイスターソース
  …小さじ4
  鷹の爪…2本
  黒胡椒…好みで

（炒めるとき）
- サラダ油①…大さじ1
- サラダ油②…小さじ1

（チンゲン菜）
- チンゲン菜…1/2株
  1枚ずつはがして
  十字に4等分
- 水…800cc
- 塩…2つまみ

（味変）
- （好みで）山椒

---

1 たまねぎを炒める

フライパンに油①を熱し、たまねぎを入れて塩を振る。中火で全体の3〜4割に焦げ目がつくまで炒める（ヘラで広げて焼きつける→裏返すを繰り返す）。一度とりだす。

2 豚肉を炒める

空いたフライパンに油②を熱し、強火で豚肉を少し焼き目がつくまで炒める。中火にし、にんにくを加えて香りが出るまで炒める。

3 調味料を加えて煮込む

❶のたまねぎ、Ⓐ、ゆで卵を加える。表面に浮かんでくる豚の油はざっくりとりのぞく。フタをせずに弱火で40分、卵をたまにひっくり返しながら煮込む（味が濃ければ水を足す）。

4 チンゲン菜をゆでる

鍋に塩水を沸かして、芯の部分を30秒ゆでたら葉の部分を加え、サッと上げる。

5 器に盛る

器にごはんを盛り、❸をかけて、❹のチンゲン菜をのせる。さいごに煮汁を回しかける。

YouTube 動画一覧

そぼろ丼

キムチ炒飯

あんかけ
チャーハン

coming
soon

ガーリック
ライス

焼きおにぎり

coming
soon

納豆ごはん

欧風カレー

海老ピラフ

coming
soon

タコライス

漬け丼

卵がゆ

coming
soon

天津飯

ピビンバ

ルーローハン

炎上覚悟で言いますが、やっぱりこの世の中はだいたい「金」で解決したほうがいいんですよ。昼飯用意すんのがダルければ、金に物を言わせてココイチのパリパリチキンカレー食えばいいし、献立作るのがつらかったら、金に物を言わせて何でもあるガストの宅配頼めばいいんです。やはり金はたいていのことを解決してくれる。

5

36年かけて
たどり着いた
常識を変える麺類

スープで煮込む「和風きのこパスタ」、
鷹の爪の香りが爆発する「アラビアータ」、
炒め物みたいに作る「味噌ラーメン」、
邪道にして至高、ここに極まれり。

至高の トマトクリームパスタ

シーフードミックスでこの旨さ

辛いの好きな人は
唐辛子入れてもOK

材料（1人前）

- パスタ（1.6mm）…100g
- シーフードミックス…100g
- たまねぎ（みじん）
  …1/4こ（60g）
- にんにく（粗みじん）…2片
- トマト缶（ホール）
  …1/4缶（100g）

[調味料]

- Ⓐ オレガノ…小さじ1/2
  一気にレストランになるので絶対買って
  顆粒コンソメ…小さじ1
- 酒…大さじ2
- Ⓑ 黒胡椒…好みで
  生クリーム…50cc
  乳脂肪分40%のもの
  粉チーズ…大さじ1

[炒めるとき]

- バター…10g

[ゆでるとき]

- 水…1ℓ
- 塩…10g

[仕上げ]

- 生クリーム…好みで
- 乾燥パセリ…好みで

[味変]

- （好みで）オリーブ油

 POINT

1 シーフードを解凍する
ボウルに200ccの水（分量外）と塩小さじ1（分量外）を入れ、シーフードミックスを浸して解凍する。大きければ食べやすいサイズに切る。

2 たまねぎを炒める
フライパンにバターを熱し、中火でにんにくを炒める。たまねぎを加えてさらに炒める。

3 トマト缶を加える
トマト缶とⒶを加えて、煮詰める。塩水を沸かしてパスタをゆでておく。

4 シーフードを加える
水気を切った❶、酒を加えてさらに煮詰める。Ⓑを加えて一度沸かす。

5 パスタを加える
ゆでたパスタを加えて全体に絡める。

五十向の和風きのこ

きのこの香りをぜんぶ吸わせる作り方

100

RYUJI'S SUPREME
COOKING
RECIPE

材料（1人前）

- ベーコン（細切り）…35g
- しめじ、まいたけ、エリンギ
  （ほぐす）…計120g
  好きなきのこでOK
- 塩…小さじ1/3
- にんにく（みじん）…2かけ
- パスタ（1.4mm）…100g

（炒めるとき）

- サラダ油…大さじ1

（調味料）

- Ⓐ 昆布茶…小さじ1
  酒…50cc
  水…300cc
- Ⓑ 砂糖…小さじ1/2
  醤油…小さじ2
  バター…10g

ツナでも鶏肉でも
ウマい

1

きのこの下ごしらえ

きのこに塩を振り、もみ込む。

2

具材を炒める

フライパンに油を熱し、中火でにんにくをサッと炒め、ベーコンも加えて炒める。❶のきのこも加えてさらに炒める。

3

パスタを加えてスープを吸わせる

Ⓐを加えて一度沸かす。パスタを加えて、強めの中火で表記の時間どおり、写真の水分量になるまでほぐしながら煮詰める（残り1分半くらいで水が多ければ強火に、少なければ水を足して調整）。

4

調味料を加える

Ⓑを加えて混ぜ合わせる。

USAが誇るベスト・オブ・ジャンク

至高のマッケンチーズ

材料（2人前）

- たまねぎ（薄切り）
  …1/4こ（60g）
- ベーコン（細切り）…40g
- マカロニ…100g
- チェダーチーズ
  …70〜80g
  ちょっと木の実の香りがする
- 薄力粉…大さじ1
- Ⓐ牛乳…250cc
  └ コンソメ…小さじ1

（炒めるとき）
- バター…10g

（ゆでるとき）
- 水…1ℓ
- 塩…7〜8g
  ほかのレシピより薄め

（味変）
- （好みで）黒胡椒
- （好みで）タバスコ

ようは、
マカロニのチーズ和えです

1 具材を炒める

フライパンにバターを熱し、中火でベーコンを少し焼き目がつくまで炒める。たまねぎも加えて、しなっとするまで炒める。

2 薄力粉を加える

薄力粉を加えて全体になじませる。

3 チーズを溶かす

Ⓐを加える。フツフツと沸いてきたらチーズを加え、弱火にして溶けたら一度火を止める。

4 マカロニとソースを合わせる

別の鍋に塩水を沸かし、マカロニをちょっと固めにゆでて、ザルにあける。❸に加えて、弱火でもう一度フツフツするまで温める。

鷹の爪のほんとうの使い方

至高のアラビアータ

材料（1人前）

- **Ⓐ** ベーコン（細切り）…40g
  にんにく（粗みじん）…2かけ
- たまねぎ（みじん）…1/4こ（60g）
- トマト缶（ホール）…1/2缶
- 鷹の爪…3本
  辛いのが苦手な人は1本で
- ペンネ…100g
  スパゲティでもOK

（調味料）
- 顆粒コンソメ…小さじ1

（炒めるとき）
- オリーブ油…大さじ1

（ゆでるとき）
- 水…1ℓ
- 塩…10g

（仕上げ）
- 塩…好みで
- オリーブ油…小さじ2

辛さも香りも
ガツンときます

1 鷹の爪をふやかす

鷹の爪を半分に切り、小さな容器に入れて、水に20分浸しておく。20分経ったら一度とりだし、みじん切りにして、漬けておいた水に戻す。辛いのが苦手な人はここで種をとりのぞく。

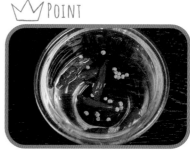

2 具材を炒める

フライパンに油を熱し、中火でⒶを炒める。にんにくがちょっと色づいたら、たまねぎと**1**の鷹の爪を加えてさらに炒める。鷹の爪を浸していた水もあとで使うので残しておく。

3 トマト缶を加えて煮込む

たまねぎが少し透き通ってきたら、トマト缶をつぶしながら加える。コンソメを加え一度沸かす。フツフツとしてきたら、鷹の爪を浸していた水を加える。水分が飛んで全体がとろっとしてきたら火を止める。

4 ペンネとソースと合わせる

塩水を沸かし、ペンネをちょっと固めにゆでて、ザルにあける。**3**に加えて全体を混ぜ、味をみて、足りなければ塩を足す。オリーブ油を回しかける。

至高の

ごはんよりウマいって
思うかもしれん

納豆パスタ

材料（1人前）

- 納豆（小粒）
  …1パック
- パスタ（1.4mm）
  …100g

［調味料］

- Ⓐ 醤油…小さじ2
  塩…1つまみ
  味の素…4ふり
- バター…10g
- 水…320cc

［仕上げ］

- 小ねぎ…好みで
- 刻み海苔…好みで

［味変］

- （好みで）黒胡椒

> バター醤油味の
> パスタだけでも
> ウマい

★1 パスタをスープで煮込む

小さめのフライパンに水を入れて沸かす。Ⓐとパスタを加えて、強めの中火で表記の時間どおり、写真の水分量になるまでほぐしながら煮詰める（残り1分半くらいで水が多ければ強火に、少なければ水を足して調整）。

★2 バターを加える

水分が大さじ1〜2くらいになったら火をとめ、バターを加えて絡める。器に盛る。

★3 納豆をのせる

納豆に付属のタレとからしを混ぜて、のせる。

至高のボンゴレ

あさりのだしを一滴も逃さない

100

RYUJI'S SUPREME
COOKING
RECIPE

材料
（1人前）

- あさり…200g
  殻付きの冷凍でもOK

- にんにく（粗みじん）…2かけ
- パスタ（1.4mm）…100g

（炒めるとき）

- オリーブ油…大さじ1

（調味料）

- 鷹の爪…1本
- 酒…50cc
- Ⓐ 水…320cc
  塩…小さじ1/5 塩は好みで調整して
- 昆布茶…小さじ1/2
- バター…10g

（仕上げ）

- 塩…好みで
- 乾燥パセリ…少々

（味変）

- （好みで）醤油

邪道すぎて
イタリア人なら
殴りかかるレベル

1 酒蒸しを作る

小さめのフライパンに油を熱し、油だまりににんにくを入れて、弱めの中火で炒める。少し色が変わったら鷹の爪を加える。あさりと酒も加え、フタをして中火で蒸す。殻が開いたら火を止めて、あさりを一度とりだす。

2 パスタを煮込む

❶のフライパンにそのままⒶを加え、一度沸かす。パスタを加えて、強めの中火で表記の時間どおり、ほぐしながら煮詰める。そのあいだにあさりの身を飾り用以外は殻から外しておく。

3 調味料を加える

水分が大さじ1〜2くらいになったら弱火にし、あさりを戻し入れて、昆布茶を加える。バターを加えて全体を絡める。味をみて、足りなければ塩を足す。

至高のそうめん

日本に伝え残したいめんつゆ

日本に伝え残したいめんつゆ

材料（作りやすい分量）

- **そうめん**
  …1人につき2束（100g）

  揖保乃糸がおすすめ

（つゆ）

- **かつおぶし…6g**

  チンして粉にしておく

- Ⓐ**醤油**
  …大さじ4（60cc）

  みりん
  …大さじ4（60cc）

  酒…大さじ2

  味の素…6ふり

  砂糖…小さじ1/3

- **水…250cc**

（食べるとき（1人前））

- **卵…1こ**

ざるそばでも
ざるうどんでもウマい

★1 めんつゆを作る

鍋にかつおぶしとⒶを入れて、一度沸かして火を止める（味見をして、アルコールの味がしなければOK）。水を加え、冷蔵庫で冷やしておく。

★2 麺をゆでる

ボウルに氷水を用意しておく。フライパンにたっぷりの湯（分量外）を沸かし、そうめんを入れて、表記されているいちばん短い時間でゆで、ザルにあける。

♛POINT

★3 麺を冷やす

流水で洗い、ザルごと氷水に浸してやさしく洗う。手が冷たくなってきてもう触れないな〜くらいになったら、ザルを上げて2〜3回軽く水を絞る。

★4 器に盛る

ひと口分を指に巻きつけ、器に盛る。❶のつゆに卵黄を落として食べる。

129

のり釜玉

冷凍うどんのいちばん美味しい食べ方

日本の冷凍技術に
感謝したい

材料（1人前）

- 冷凍うどん…1玉
- 卵…1こ
  卵黄と卵白に分けておく

（タレ）

- かつおぶし…2g
  チンして粉にしておく
- みりん…小さじ1
- Ⓐ 醤油…大さじ1
  味の素…3ふり

（仕上げ）

- Ⓑ 小ねぎ…好みで
  刻みのり
  …好みで
  醤油…好みで
  しょうが（おろし）
  …好みで

---

1 タレを作る
耐熱容器にかつおぶしとみりんを入れ、ラップをせずにレンジで30秒温める。Ⓐを加えて混ぜておく。

2 うどんと卵白を和える
丼に冷凍うどんを入れ、ラップをしてレンジで表記の時間通り温める。卵白を加えて、熱で半熟状になるまで混ぜる。

3 タレと麺を合わせる
卵黄とⒷをのせて、❶のタレをかける。

至高の焼きうどん

**35年続いている
スナックのレシピ**

材料
（1人前）

- 冷凍うどん…1玉
  表記の時間どおりチンしておく
- 豚こま肉…80g
- 塩胡椒…少々
- Ⓐ にんじん（薄切り）…30g
  キャベツ（ひと口大）…100g
- 長ねぎ（斜め切り）…40g

（炒めるとき）

- サラダ油…大さじ1

（調味料）

- Ⓑ 白だし…小さじ1
  醤油…小さじ2
  オイスターソース…小さじ2
- 砂糖…小さじ1/2
- 黒胡椒…好みで

（仕上げ）

- かつおぶし…大袈裟にたっぷり
- 紅しょうが……好みで

オイスターソース
×
醤油味

---

1 豚肉を炒める
フライパンに油を熱し、塩胡椒した豚肉をちぎり入れ、中火で少し焼き目がつくまで炒める。

2 野菜を加える
Ⓐを加えて、キャベツが少ししなっとなったら長ねぎを加える。

3 うどんと調味料を加える
うどんとⒷを加えて混ぜる。砂糖を加えて混ぜ、黒胡椒を振る。仕上げにかつおぶしをたっぷりとかける。

夏に食べたい
焼きそば第1位

至高の
塩焼きそば

材料（1人前）

- 豚バラ肉（ひと口大）…70g
- Ⓐ塩胡椒…少々
  片栗粉…小さじ1と1/2
- キャベツ（ひと口大）…60g
- たまねぎ（厚めの薄切り）…30g
- にんじん（千切り）…30g
- 焼きそば麺…1袋（150g）

（ねぎダレ）

- 長ねぎ（みじん）…30g
- にんにく（おろし）…1/2かけ
- 中華ペースト…小さじ1/2
- ナンプラー…小さじ2
  薄味が好きな人は小さじ1
- ごま油…小さじ2
- 酒…大さじ2
- 黒胡椒…好みで
- 味の素…2ふり

（炒めるとき）

- サラダ油…小さじ1と1/2
- すりごま…大さじ1

（仕上げ）

- 黒胡椒…好みで
- レモン…1/8切れ レモン汁でもOK
- 小ねぎ…好みで

バーベキューで
これやりたい

1 ねぎダレを作る

ボウルにねぎダレの材料をすべて入れて、全体をざっくりと混ぜ合わせる。

2 豚肉の下ごしらえ

豚肉にⒶをまんべんなくまぶしておく。

♡POINT

3 麺だけ焼く

フライパンに油を中火でよく熱し、麺をほぐさずに入れて、ヘラで押しつけながら両面に焼き目をつける。一度とりだす。

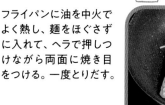

4 具材を炒める

空いたフライパンに②の豚肉を広げて入れ、中火で少し焼き目がつくまで炒める。にんじんを加えて炒め、油が回ったら、たまねぎを加えて少し透き通るまで炒める。キャベツも加えて、少ししなっとするまで炒める。

5 ぜんぶ合わせる

①のねぎダレを加えて混ぜ合わせる。タレにとろみがついたら③の麺を加えてほぐし、混ぜ合わせる。さいごにすりごまをかける。

大人の豪華な焼きそば

至高の上海焼きそば

ニラとか白菜入れても
ウマい

材料（1人前）

- 焼きそば麺…1袋（150g）
- 豚こま肉（ひと口大）…50g
- エビ（殻つき）…3尾
- Ⓐ にんじん（薄切り）…15g
  - たまねぎ（厚めの薄切り）…20g
  - 小松菜（4cm幅）…40〜50g
  - 根元はよく洗っておく
  - きくらげ（2等分）…5枚ほど
  - 水で戻しておく
- Ⓑ にんにく（みじん）
  - …1/2かけ（3g）
  - しょうが（みじん）…3g

（下味）
豚肉とエビそれぞれに
- 塩胡椒…少々
- 片栗粉…小さじ1/2ずつ
- 酒…小さじ1と1/2ずつ

（調味料）
- Ⓒ 中華ペースト…小さじ1/3
  - 醤油…大さじ1/2
  - 酒…大さじ1/2
  - オイスターソース…大さじ1/2
- 黒胡椒…思ってる2倍

（炒めるとき）
- サラダ油①…小さじ2〜大さじ1
- サラダ油②…小さじ2
- サラダ油③…小さじ1

（仕上げ）
- 酒…大さじ1/2

（味変）
- （好みで）ラー油

1 エビと豚肉の下ごしらえ

エビの殻をむき、背中を開いてワタをとる。豚肉とエビをそれぞれボウルに入れ、下味の調味料を加えてもみ込む。

♛ POINT ▽

2 麺だけ焼く

フライパンに油①を強めの中火でよく熱し、麺をほぐさずに入れて、ヘラで押しつけながら両面に焼き目をつける。一度とりだす。

3 野菜を炒める

空いたフライパンに油②を熱し、中火でⒶの野菜を順に炒めていく。全体が少ししなっとなったら一度とりだす。

4 豚肉とエビを炒める

空いたフライパンに油③を熱し、弱めの中火でⒷを炒め、香りが出てきたら、❶の豚肉とエビを加えて焼き目をつける。

5 調味料を加える

❷の麺と❸の野菜を戻し、Ⓒを加えて炒める。黒胡椒を加えてさらに炒める。水分が飛びすぎていれば、さいごに酒を加えてサッと炒める。

お店では原価率が高すぎる一杯

至高の醤油ラーメン

このゆで汁の量で
3人前作れます

材料（1人前）

- 中華麺…1玉（1杯分）

（チャーシュー）

- Ⓐ 豚バラ肉…500g
  赤身7:油身3がベスト

  長ねぎ（青い部分）…1本分

  しょうが（薄切り）…15g

  にんにく（つぶす）…3かけ（15g）
  包丁の腹でつぶしておく

  水…1100cc

- Ⓑ 醤油…100cc

  酒…30cc

  みりん…30cc

  味の素…5ふり

  にんにく（おろし）…1/2かけ

（スープ（1杯分））

- Ⓒ 豚バラ肉のゆで汁
  …300cc

  チャーシューの漬け汁
  …大さじ3

  長ねぎ（みじん）…20g

  ラード…5～6cm

  塩…小さじ1/3

  砂糖…小さじ1/2

  醤油…小さじ1/2

  味の素…5ふり

  黒胡椒…4ふり

- かつおぶし…3g
  チンして粉にしておく

（仕上げ）

- 小ねぎ…好みで

---

1 豚肉を煮込む

鍋にⒶを入れて一度沸かし、フタをして弱火で1時間煮込む。ゆで汁はスープとして使うので、とっておく。

2 チャーシューのタレを作る

別の鍋にⒷを入れて一度沸かし、粗熱をとる。

3 タレに漬ける

耐熱のビニール袋に❶の豚肉と❷のタレを入れ、空気を抜いて口を結ぶ。冷蔵庫に1時間くらいおく。

4 スープを作る

別の鍋にⒸとかつおぶしを入れ、一度沸かして火を止める。

5 ぜんぶ合わせる

鍋に湯を沸かし、麺を表記の時間通りゆでる。器に❹を移し、湯切りした麺を加え、❸のチャーシューと小ねぎをのせる。

炒めもの感覚で一気に作れる

至高の味噌ラーメン

138

材料（1人前）

- **中華麺**…1玉（130g）
  太麺がおすすめ
- **豚バラ肉**…80g
- **もやし**…100g
- **長ねぎ（斜め薄切り）**…50g

（スープ）

- **Ⓐ にんにく（おろし）**…1かけ
  しょうが（おろし）…5g
  かつおぶし…3g
  チンして粉にしておく
  砂糖…小さじ1/2
  みりん…大さじ1
  酒…大さじ1
  水…300cc
- **Ⓑ みそ**…大さじ2
  豆板醤…小さじ1
  辛いのが苦手な人はみそを小さじ1に
  味の素…小さじ1/2
  黒胡椒…好みで

（炒めるとき）

- **ごま油**…小さじ2

（仕上げ）

- **小ねぎ**…好みで
- **バター**…10g

（味変）

- **（好みで）七味**

汁余ったら
白米入れて

1 豚ミンチを作る

豚肉を細かく切り、包丁で叩いてミンチ状にする。

2 スープを作る

フライパンに油を熱し、中火で❶の豚肉を少し焼き目がつくまで炒める。Ⓐを加え、一度沸かして火を止める。

3 調味料と具材を加える

Ⓑと長ねぎを加える。弱火にし、全体がくつくつしてきたら、もやしを加えて火を止める。

4 麺とスープを合わせる

別の鍋に湯を沸かし、麺を表記の時間通りゆでる。湯切りしたら器に移し、❸を温めて注ぐ。

5 バターをのせる

仕上げに小ねぎを振り、バターをのせる。

至高の汁なし坦々麺

絡みつく濃厚な
タレと肉味噌

材料（1人前）

- 中華麺…
  1玉（130g）

肉みそ

- 豚ひき肉…60g
- 塩胡椒…少々
- にんにく
  （みじん）…1かけ
- 甜麺醤…小さじ2
- Ⓐ 醤油
  …小さじ1/2
  酒…小さじ2

炒めるとき

- サラダ油…小さじ1と1/2

タレ

- 醤油…大さじ1/2
- 酢…大さじ1/2
- 練りごま
  …大さじ1強
- 中華ペースト
  …小さじ1/2
- 砂糖…小さじ1/2
- ごま油…小さじ1
- ラー油…小さじ1
- 麺のゆで汁
  …大さじ1

仕上げ

- ピーナッツ…6〜8粒（10g）
  包丁で砕いておく
- 小ねぎ…好みで
- 糸唐辛子…好みで
- ラー油…好みで

味変

- （好みで）花椒

辛味はラー油で
調整してくらさい

1 肉みそを作る

フライパンに油をよく熱し、中火で塩胡椒した豚肉を少し焼き目がつくまで炒める。にんにくを加えて、香りが出るまで炒める。甜麺醤を加え、全体になじんだらⒶを加えて、完全に水分が飛ぶまで炒める。

2 ベースのタレを作る

鍋に湯を沸かし、麺を表記の時間通りゆでる。そのあいだに、丼にタレの材料を入れて混ぜ合わせる。麺のゆで汁も加えて混ぜておく。

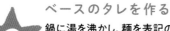

3 麺と合わせる

ゆでた麺を混ぜ合わせる。❶の肉みそをのせ、ピーナッツと小ねぎを振る。

至高の年越しそば

スーパーの乾麺、ここまでウマくなる

材料（1人前）

- 鶏もも肉…90g
  小さめのそぎ切り
- 長ねぎ（3cm幅）…1/2本
- そば（乾麺）…1束（100g）

調味料

- Ⓐ 水…320cc
  砂糖…小さじ1/3
  醤油…大さじ2
  酒…大さじ1
  みりん…大さじ2
  味の素…3ふり
- かつおぶし…3g
  チンして粉にしておく

炒めるとき

- サラダ油…小さじ1

仕上げ

- 七味…好みで
- 小ねぎ…好みで

味変

- （好みで）ゆず胡椒

リュウジ式鶏南蛮です。よいお年を！

1 だしを作る

フライパンに油を強火で熱し、鶏肉を皮目から入れて焼く。ねぎも加えて、どちらも両面に少し焼き目をつける。かつおぶしとⒶを加え、一度沸かして火を止める。

2 そばをゆでる

鍋に湯を沸かし、そばを表記の時間通りゆでる。ザルにあけ、流水でよく洗ったら、水気をよーく絞る。

3 だしと合わせる

❶のだしをもう一度沸かし、❷のそばを加えて数十秒温める。

YouTube 動画一覧

トマトクリーム
パスタ

和風きのこ

マッケン
チーズ

アラビアータ

納豆パスタ

ボンゴレ

そうめん

coming
soon

釜玉

coming
soon

焼きうどん

塩焼きそば

上海
焼きそば

醤油
ラーメン

味噌
ラーメン

汁なし
坦々麺

年越しそば

今から料理するうえで一番大切なこと言うから、
目をかっぽじって焼きつけてください。
【片づけまでが料理です】【片づけまでが料理です】
【片づけまでが料理です】

6

日本一料理ができる酒クズが考えたおつまみ

ひと口目が完璧に設計された「鶏つくね」、
80分かけて焼き上げる「スペアリブ」、
これのために二日酔いになりたい「肉吸い」、
酒を飲むために妥協という文字はありません。

至高のつくね

ひと口目で旨味が爆発する設計

材料（2人前）

- 鶏もも肉
  …皮をとって250g
- レンコン…30g
  長ねぎ…30g
  塩…小さじ1/3
  片栗粉…小さじ1と1/2
  酒…小さじ1

（焼くとき）
- サラダ油…小さじ2
- **B** 塩
  …両面に1つまみずつ
  味の素…両面に少々
  （指でトントンくらい）

（仕上げ）
- レモン
  …1くし

 **1** 鶏ミンチを作る

鶏肉を細かく刻み、包丁でよく叩いてミンチ状にする。

2 つくねを作る

ボウルに移し、**A**を加えてよくこねる。サラダ油（分量外）を手につけ、4つに成形する（こうすると手にくっつきません）。

3 つくねを焼く

フライパンに油を熱し、**2**を中火で焼く。焼き目がついたら裏返し、**B**を振る。裏面も焼けたらもう一度裏返し、また**B**を振る。

塩と味の素を
表面に振るのが
ポイントれす

至高の 手羽唐

ビールがね、手品みたいに消えるのよ

100

RYUJI'S SUPREME
COOKING
RECIPE

材料（1〜2人前）

- 手羽先…5本
- 塩胡椒…少々
- 片栗粉…適量

（調味料）

- Ⓐ 醤油…大さじ3
  みりん…大さじ2
  酒…大さじ1
  砂糖…大さじ1と1/2
  味の素…2ふり
- Ⓑ いりごま…好みで
  ホワイトペッパー
  …たっぷり
  なければ黒胡椒

（揚げるとき）

- サラダ油…底から1cm

指までウマイす
1本1ハイボール

1 手羽先の下ごしらえ

手羽先の表に3ヶ所、裏返して骨と肉のあいだにも1ヶ所切り込みを入れる（揚げたときに破裂しないように）。両面に塩胡椒をまんべんなく振る。

2 手羽先を揚げる

手羽先にたっぷり片栗粉をまぶす。フライパンに油を熱し、中火で両面が柴犬色になるまで揚げる。ペーパータオルにあげて、油を切る。

3 調味料と絡める

別のフライパンにⒶを入れ、中火で煮詰めて火を止める（ちょっととろみがついていたらOK）。手羽先を加えて絡め、さいごにⒷを振る。

至高の海老から揚げ

エビフライ、
おまえは1位じゃない

材料（2人前）

- エビ（殻つき）
  …10尾（170g）
  冷凍のむきエビでもOK
- Ⓐ醤油…大さじ2
  酒…小さじ2
  みりん…小さじ2
  にんにく（おろし）
  …2/3かけ
  五香粉…3ふり
  これなかったら
  作らなくていい
  味の素…4ふり

（揚げるとき）
- 片栗粉…適量
- サラダ油…底から1cm

（仕上げ）
- レモン…1くし

下克上できる
ウマさです

1 エビの下ごしらえ

エビの殻をむき、背中を開いてワタをとる。ボウルに移し、Ⓐを加えてよーくもみ込み、10〜15分常温でおく。

2 片栗粉をまぶす

1尾ずつ、片栗粉をたっぷりとまぶす。

3 エビを揚げる

フライパンに油を熱し、強めの中火でトイプードル色になるまで揚げる。

餃子よりウマいです 嘘じゃないです

至高のワンタン

口当たり
トゥルントゥルン

材料（3〜4人前）

- ワンタンの皮
  …1袋（30枚）

【ワンタンの具】

- 豚バラ肉…100g
  脂身たっぷりなもの

- エビ（殻つき）
  …7〜8尾（100g）
  むきエビでもOK

- Ⓐ 長ねぎ（みじん）…50g
  しょうが（みじん）…5g
  塩胡椒…少々

- Ⓑ 卵…1こ
  片栗粉…大さじ1
  酒…大さじ1
  醤油…小さじ2
  オイスターソース
  …小さじ1と1/2

【タレ】

- にんにく（おろし）
  …1/2かけ
- 砂糖…小さじ1と1/2
- 酢…小さじ1と1/2
- ごま油…小さじ1と1/2
- 醤油…大さじ2強
- 練りごま…大さじ1と1/2
- 味の素…6ふり
- 花椒（あれば）…4〜5ふり

【仕上げ】

- 小ねぎ…好みで
- 糸唐辛子…好みで
- ラー油…好みで

⭐1 エビと豚肉のミンチを作る

エビの殻をむいて、背ワタをとる。ブツ切りにし、包丁で叩いてミンチ状にする。豚肉も細かく切り、包丁で叩いてミンチ状にする。

⭐2 たねを作る

ボウルに❶のエビと豚肉、Ⓐを入れてこねる。Ⓑを加えて、粘り気が出るまでさらにこねる。

⭐3 タレを作る

別のボウルにタレの材料をすべて入れて、混ぜておく。

⭐4 ワンタンの皮に包む

❷のたねをワンタンの皮に三角に包む。くっつかないよう、バットには片栗粉（分量外）をまぶしておく。

⭐5 ワンタンをゆでる

大きめの鍋にたっぷり湯を沸かし、強火でワンタンをヘラで軽く泳がせながら3〜4分ゆでる。器に盛り、タレをかける。

たまにはこれで肩を並べて飲んで

至高のもんじゃ

材料（3〜4人前）

- 薄力粉…30g
- 水…300cc
- Ⓐ 白だし…大さじ1
  ウスターソース
  …大さじ2と1/2
- Ⓑ キャベツ（粗みじん）
  …1/4こ（250g）
  桜海老…8g
  揚げ玉（天かす）…20g
  ベビースターラーメン
  ①…1袋（36g）
- Ⓒ ピザ用チーズ…50g
  明太子…30g
  かつおぶし…好みで
  青のり…好みで

（焼くとき）

- サラダ油…大さじ1

（食べてる途中に追加で）

- ベビースターラーメン②
  …1袋（36g）

明太チーズ味です

1 生地をつくる

ボウルに薄力粉を入れて、水を少しずつ注ぎながら泡立て器で混ぜる。Ⓐも加えて軽く混ぜる。

2 具材を混ぜる

別のボウルにⒷを加えて混ぜる。

3 具材を焼く

ホットプレートを250℃に温めて油を引き、❷の具材を炒める。

4 生地を流す

全体がしなっとしたら、中央に穴を開けるように土手をつくる。❶の生地を流し入れて、ヘラでかき混ぜる。

5 全体を伸ばす

トロッとしてきたら全体を混ぜ合わせて平らに伸ばし、Ⓒをかける。

トロぷる卵に豚バラキャベツ

ひき肉のとん平焼き

材料（2人前）

- 豚バラ肉（2～3等分）
  …150g
- キャベツ（ざく切り）
  …1/4こ（250g）

（卵液）

- 卵…2こ
  塩胡椒…少々
  水…大さじ2
- サラダ油…大さじ1/2

（調味料）

- 塩…小さじ1/3
- かつおぶし…2g
  黒胡椒…好みで
  味の素…4ふり

（炒めるとき）

- サラダ油…小さじ1

（仕上げ）

- お好みソース…好みで
  マヨネーズ…好みで
  青のり…好みで
  紅生姜…好みで

大人はおつまみ、
キッズはおかず

1 卵液を作る

ボウルにⒶを入れて溶く。サラダ油も加えてさらに溶く。

2 具材を炒める

フライパンに油を熱し、豚肉に塩をふって中火で炒める。少し焼き目がついたら、キャベツとⒷを加えてサッと炒める。フタをして2～3分蒸したら、器に盛る。

3 スクランブルエッグを作る

空いたフライパンをペーパータオルでサッとふき、弱火にかける。①の卵液を入れ、ヘラで端から真ん中に寄せる動きを繰り返す。固まりはじめたら火を弱める（上はトロトロで下は固まっている状態を目指す）。

4 具材に卵をのせる

フライパンをゆすっても卵が動かなくなったら、②の上にのせる。Ⓒをそれぞれ好みでかける。

至高の なめろう

酒でも、ごはんにのっけても至高

100
RYUJI'S SUPREME
COOKING
RECIPE

材料（2人前）

- アジ…2尾
  刺身なら160gくらい
- Ⓐ 長ねぎ（斜め薄切り）…1/3本
  大葉（千切り）…7枚
  しょうが（千切り）…12～15g
- みそ… 大さじ1強
  濃いめが好きな人は増やして

（食べるとき）

- 酢…好みで

（まごちゃ）

- ごはん…茶碗1杯分
- なめろう…好みで
- 刻み海苔…好みで
- 大葉（そのまま）…1枚
- 大葉（きざむ）…1枚
- わさび…好みで
- 白だし…20cc
- お湯…80cc
- ホワイトペッパー…好みで
  なければ黒胡椒

〆はまごちゃ
（お茶漬け）でどうぞ

1 アジを叩く
アジをさばいて叩く（市販の刺身でもOK）。さばきかたを覚えたい人は動画見て。

2 薬味を混ぜる
❶のアジとⒶを混ぜて、さらに細かくなるように叩く。

3 みそを加える
みそを加えて混ぜ合わせる。まな板を逆さにしても落ちてこなければ完成。酢にチョンチョンとつけながら食べる。

至高の レバーペースト

苦手な人でも
いけると思う

材料
（作りやすい分量）

- 鶏レバー…150g
  ハツの部分は使わない
- Ⓐ たまねぎ…30g
  └ にんにく…5g

[調味料]

- 塩…2つまみ
- ウイスキー…大さじ1
- Ⓑ バター…70g
  黒胡椒…好みで
  └ 塩…小さじ1/4

[炒めるとき]

- オリーブ油…小さじ2

焼いた バゲットと
どうぞ

⭐1 レバーの下ごしらえ

写真のように筋やハツ、血合いをとりのぞく。ボウルに移し、水に浸して3〜4回しっかりもみ洗う。ペーパータオルで水気をふきとる。

⭐2 たまねぎとレバーを炒める

フライパンに油を熱し、Ⓐを入れて塩を振り、中火で炒める。レバーを加えて3分ほど炒める。ウイスキーを加えてアルコールを飛ばす。

⭐3 ペースト状にする

②をチョッパー（ミキサー）に移して混ぜる。Ⓑを加えてさらに混ぜる。冷蔵庫で1時間冷やし固める。

 ▶  ▶

アメリカ人に「Amazing!」って言われた

至高のスペアリブ

100

RYUJI'S SUPREME
COOKING
RECIPE

材料（2〜3人前）

- スペアリブ…700g

調味料

- にんにく（おろし）…1かけ
- しょうが（おろし）…5g
- レモン汁…小さじ2
- 酒…大さじ1
- 醤油…大さじ2

- ウスターソース…大さじ2
- はちみつ…大さじ2
- ケチャップ…大さじ3
- タバスコ…9ふり
  辛いのが苦手な人は少なめに

1 調味料に漬ける

スペアリブをフォークでまんべんなく刺す。ビニール袋に移し、調味料をすべて加えて、30分常温でおく。

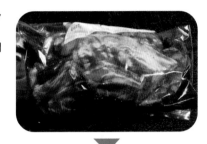

2 トレイにのせる

オーブンのトレイにアルミホイルを敷き、❶をのせ、タレを半分かける。

3 オーブンで焼く

150℃で80分（余熱なし）、時折タレをかけながら焼く。

低温焼きで
ホロホロ柔らかい

高知の至宝

きのこのオイル漬け

バゲットが瞬殺でなくなる

材料（作りやすい分量）

- 好きなきのこ（ほぐす）…350g
- にんにく（みじん）…1かけ
- 鷹の爪（輪切り）…1本

炒めるとき
- オリーブ油…大さじ1

調味料
- 塩…小さじ1/4
- オイスターソース…大さじ1

漬けるとき
- オリーブ油…適量

1 きのこを炒める

フライパンに油を熱し、きのこを加え、塩をふって炒める。にんにくと鷹の爪を加えてさらに炒める。

2 調味料を加える

香りが立ってきたらオイスターソースを加え、全体に絡める。

3 オイル漬けにする

保存容器に移し、オリーブ油を全体が7割浸るくらいそそぐ。

同じ要領で
牡蠣を漬けてもヤバい

鶏肉のよだれ鶏

酒がすすむ
酒がすすむ
酒がすすむぞ

100
RYUJI'S SUPREME COOKING RECIPE

材料（2人前）

- 鶏もも肉
  …320g 常温に戻しておく
- 塩…少々
- Ⓐ しょうが…5g
  長ねぎ（青い部分）…1本

（タレ）

- 長ねぎ…40g
- にんにく（おろし）…1かけ
- 砂糖…小さじ1
- 醤油…小さじ1
- 鶏肉の蒸し汁…小さじ1
- いりごま…大さじ1/2
- 黒酢…大さじ2
- 豆板醤…大さじ1
- ごま油…大さじ1と1/2
- 黒胡椒…4ふり
- 味の素…4ふり
- 花椒…好みで

（仕上げ）

- 小ねぎ…好みで

この機会に
紹興酒試してみて
くらさぁ～い

1 鶏肉をチンする

耐熱容器に鶏肉を入れ、塩をふってⒶを加える。ラップをして3分50秒温める。粗熱がとれたら、冷蔵庫で5分ほど冷やしておく。

2 タレを作る

ボウルにタレの材料を入れ、よーく混ぜる。

3 盛り付ける

❶をスライスして器に盛り、❷をかける。

至高の肉吸い

〆でも
2日酔いの朝でも

上等な肉じゃなくて
いいすよ

材料
（1〜2人前）

- 牛こま肉…100g
- 絹豆腐…1/2丁（150g）

好みで

- 卵…1こ

調味料

- Ⓐ 水…350cc
  みりん…大さじ1
  酒…大さじ1
  白だし…大さじ2
  塩…小さじ1/2
  醤油…小さじ1
  味の素…5ふり
  かつおぶし…3g
  チンして粉にしておく

仕上げ

- 小ねぎ…好みで
- 七味…好みで

1 だしを作る
鍋にⒶを入れて沸かす。牛肉をちぎり加えて煮込み、アクをとる。卵を割り入れ半熟にする。

2 豆腐をチンする
丼に豆腐を入れて、ラップをせずにレンジで1分30秒温める。出てきた水分は捨てる。

3 だしをかける
❶のだしをかける。

YouTube 動画一覧

つくね

手羽唐

海老から揚げ

ワンタン

もんじゃ

とん平焼き

なめろう

レバーペースト

coming
soon

スペアリブ

coming
soon

きのこの
オイル漬け

coming
soon

よだれ鶏

coming
soon

肉吸い

いいかみんな、モテるために料理がんばるのだけはやめるんだ。あれはお互いの自宅で手料理を振る舞うような関係になるくらいコミュ力がないと役に立たぬ。そしてそのコミュ力がある人間はすでにモテてる。料理は自分のために作るんだ……おにいさんとの約束だ……。

7

手作りの
ウマさがわかる！
至福のスープ・
鍋・ポタージュ

余り野菜から作る最高の「野菜スープ」、
米にも麺にも酒にも合う「サンラータン」、
博多の極上白湯を完全再現した「水炊き」、
湯気の向こうにはほら、笑顔が見えます。

冷蔵庫の余りを特別なスープに変える方法

至高の野菜スープ

100

RYUJI'S SUPREME
COOKING
RECIPE

材料（4～5人前）

- Ⓐ じゃがいも…2こ（180g）
  にんじん…1本（150g）
  キャベツ…1/4こ（250g）
  たまねぎ…1こ（200g）
  エリンギ
  …1パック（100g）
  好きなきのこでOK

- にんにく（粗みじん）
  …2かけ

- 塩…小さじ1/4

- Ⓑ 水…1000cc
  顆粒コンソメ…大さじ1
  黒胡椒…思ってる2倍
  醤油…大さじ1

（炒めるとき）

- オリーブ油…大さじ1と1/2

（仕上げ）

- 塩…好みで

野菜は冷蔵庫にあるもの、
だいたいOKです

1 具材を切る

Ⓐを均等な大きさにダイスカットする。

2 具材を焦がし炒める

フライパンに油を熱し、強火でにんにくを炒める。シュワシュワ音がしてきたら❶の野菜を加え、塩をふって炒める。全体がしなっとしたら、数分動かさずに少し焦げ目をつける（野菜の焦げが最高の旨味になるから絶対やって）。

👑POINT

3 調味料を加えて煮込む

Ⓑを加えて一度沸かす。ブクブクしてきたら、フタをして中火で15分煮込む。味をみて、足りなければ塩を足す。

至高の わかめスープ

1杯20円で、焼肉屋さんのあのスープ

100 RYUJI'S SUPREME COOKING RECIPE

材料（2～3人前）

- カットわかめ…5g
- 水…戻し汁と合わせて500cc
- 長ねぎ（みじん）…30g
- Ⓐ にんにく（おろし）…4g
  - しょうが（おろし）…4g

調味料

- Ⓑ 中華ペースト…小さじ1
  - 醤油…小さじ1
  - 白だし…小さじ2
  - 塩…1つまみ
  - 黒胡椒…思ってる2倍
  - 味の素…3ふり
- いりごま…好みで

炒めるとき

- ごま油…大さじ1

味変

- （好みで）ラー油
- （好みで）酢

これに そうめん入れても ウマい

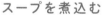

① わかめ戻す

ボウルに500ccの水を入れて、わかめを戻しておく。ボウルのなかで水気を絞り、フライパンに移す。残った戻し汁をカップに移し、ちょうど500ccになるように水を足す。

② わかめを炒める

鍋に油を熱し、中火でサッと炒める。

③ スープを煮込む

戻し汁とⒶ・Ⓑを加えて一度沸かし、2～3分煮込む。味をみて、足りなければ塩を加え、濃すぎれば水を足す。長ねぎを加えて火を止める。器に盛り、ごまを振る。

パスタに絡めても
ウマい

五日のきのこのポタージュ

洋食のおともに本格ポタージュを

材料
（2〜3人前）

- たまねぎ（薄切り）…1/2こ（120g）
- 好きなきのこ（ほぐす）…300g

調味料

- 塩…小さじ1/4
- 牛乳…500cc
- Ⓐ バター…15g
  顆粒コンソメ…大さじ1
- 黒胡椒…好みで

炒めるとき

- バター…15g

---

1 たまねぎときのこを炒める
フライパンにバターを熱し、たまねぎときのこを入れ、塩をふって中火で炒める。

2 牛乳と混ぜる
牛乳を数回に分けて加えながら、ブレンダーで混ぜる（底に当たらないように気をつけて）。

3 調味料を加える
Ⓐを加えて一度沸かす。味をみて、足りなければ塩を足す。さいごに黒胡椒を振る。

冬場に熱燗とやったら最高

至高の粕汁(かすじる)

材料（4〜5人前）

- にんじん…100g
- ごぼう…150g
- 大根…200g
- 長ねぎ…1/2本
- ちくわ…100g
- 油揚げ…2枚
- 豚バラ肉…200g
- こんにゃく…250g
  水道のお湯で洗って臭みを抜く

[調味料]

- Ⓐ水…1000cc
  白だし…大さじ3と1/2
  みりん…大さじ2
- 酒粕…120g
- Ⓑ醤油…小さじ1
  みそ…大さじ3と1/2

[炒めるとき]

- サラダ油…小さじ1

[味変]

- （好みで）七味

以上、酒カスが作る
至高の粕汁でした

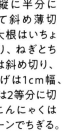

1 具材を切る

ごぼうとにんじんは縦に半分に割って斜め薄切り、大根はいちょう切り、ねぎとちくわは斜め切り、油揚げは1cm幅、豚肉は2等分に切り、こんにゃくはスプーンでちぎる。

2 具材を炒める

フライパンに油を熱し、強めの中火で豚肉を少し焼き目がつくまで炒める。ごぼうとちくわ→にんじんと大根→油揚げとこんにゃくの順に加えて炒める。

3 だしと酒粕を加える

Ⓐを加えて一度沸かす。酒粕をザルで溶かし入れる。

4 煮込む

フタをして、弱めの中火で15分煮込む。Ⓑを加えて混ぜる。長ねぎを加えて、しなっとするまで少し煮込む。

すっぱ辛いのがやみつき

エネルギー サンラータン

100

RYUJI'S SUPREME
COOKING
RECIPE

材料（3〜4人前）

- 豚バラ肉（細かく切る）
  …60g
- 木綿豆腐（細切り）
  …75g
- にんじん（細切り）…40g
- たけのこ（細切り）…60g
- キクラゲ（千切り）
  …乾燥した状態で5g
  水で戻しておく

調味料

- Ⓐ 水…600cc
  中華ペースト…小さじ2
  白だし…小さじ1
- Ⓑ 醤油…小さじ5
  黒胡椒…小さじ1/3
  塩…少々
- Ⓒ 酢…大さじ1
  味の素…5ふり

水溶き片栗粉

- 片栗粉
  …小さじ2
- 酒
  …大さじ1と1/2

仕上げ

- 小ねぎ…好みで
- ラー油…好みで

1 スープを作る

鍋にⒶを沸かして、豚肉を入れる。中火で煮込み、軽くアクをとる。

2 具材を煮込む

ほかの具材とⒷを入れて数分煮込む。

酒にも米にも、
麺を入れても◎

3 とろみをつける

弱火にし、水溶き片栗粉を加えて一度沸かす。とろみがついたら、Ⓒを加えて混ぜる。

王道のミルフィーユ鍋

余分なものは入れるな

100

RYUJI'S SUPREME COOKING RECIPE

材料（3〜4人前）

- 豚バラ肉…350g
- 白菜…1/4こ（600g）
- かつおぶし…4g
  チンして粉にしておく
- Ⓐ 水…400cc
  酒…80cc
  ごま油…大さじ1と1/2
  塩…小さじ1/2
  味の素…4ふり

食べるとき

- Ⓑ 白だし…大さじ2
  水…大さじ3
  レモン汁…小さじ2
  塩…小さじ1/4

1 白菜に豚肉を挟む

白菜に豚肉を挟み、大きめに切る。

2 具材を煮込む

❶をフライパンにのせ、かつおぶしとⒶを加えて一度沸かし、フタをして中火で15分煮込む。

3 白ぽん酢を作る

Ⓑを混ぜた、白ぽん酢で食べる。

豪華に見えて節約レシピれす

博多の極上白湯（パイタン）を完全再現

至高の水炊き

千葉で作りました

材料（3〜4人前）

- Ⓐ 手羽元
  …400〜500g
  手羽先
  …400〜500g
- Ⓑ にんにく…3かけ
  包丁の腹でつぶしておく
  米…大さじ1
- キャベツ（ざく切り）
  …1/4こ（250g）
- 長ねぎ（斜め切り）
  …1/2本

（調味料）

- 水①…1200cc
- 水②…350cc
- 水③…500cc
- 水④…100cc
- Ⓒ 塩…小さじ1
  味の素…3ふり

（食べるとき）

- 塩…好みで

（酢醤油）

- 醤油…大さじ4
- お酢…大さじ4
- 水…大さじ2
- 味の素…5ふり

（雑炊）

- ごはん…200g
- 卵…1こ
- 塩…1つまみ
- 小ねぎ…好みで

1 アクをとる

大きめの鍋にⒶを並べて、Ⓑと水①を加える。一度沸かし、最初に出たアクをとる。

2 1回目の煮込み

強目の中火でグツグツ20分煮込んだら、水②を加えて15分煮込む。

3 2回目の煮込み

水③を加えて10分煮込む。

4 3回目の煮込み

キャベツと長ねぎ、Ⓒ、水④を加えて、しなっとするまで10分くらい煮込む。塩もしくは酢醤油で食べる。

至高の2豆乳鍋

だしと豆乳、煮るのは2段階

100

RYUJI'S SUPREME
COOKING
RECIPE

材料（3〜4人前）

- 好きな肉…450g
- 木綿豆腐…300g
- にんじん…1/2本
- 白菜…250g
- 水菜…200g
- 好きなきのこ
  …200g
- かつおぶし…4g
  チンして粉にしておく

〔調味料〕

- Ⓐ水…300cc
  みりん…大さじ3
  白だし…大さじ3
  酒…大さじ1
- Ⓑみそ…大さじ3
  すりごま…大さじ3
  ごま油…大さじ1
- 豆乳…400cc

〔仕上げ〕

- 塩…好みで

〔味変〕

- （好みで）
  ラー油
- （好みで）
  柚子胡椒

ラー油かけたら
坦々っぽくなります

1 具材を切って並べる

白菜はそぎ切り、水菜は4cm幅、にんじんは縦に割って斜め薄切り、豆腐は平たくひと口大に切り、きのこはほぐし、肉はひと口大に切ってフライパンに並べる。

♛POINT

2 先にだしで煮込む

かつおぶしとⒶを加えて一度沸かす。フタをして、中火で15分煮込む。

3 豆乳を加えて煮込む

ボウルにⒷを入れ、少しずつ豆乳を加えて溶かしておく。❷に加えて、弱火で少しグツグツするまで煮込む。味をみて、足りなければ塩を足す。

このスープなら
なに入れてもウマい

エセのチゲ

材料（3〜4人前）

- 豚バラ肉…300g
- 木綿豆腐…300g
- 大根…200g
- ニラ…1束
- しめじ…1パック
- 白菜キムチ…300g
- にんにく（おろし）…2かけ

調味料

- Ⓐ 塩…小さじ1/4
  ごま油…大さじ1と1/2
- Ⓑ 水…500cc
  中華ペースト…小さじ1
  酒…大さじ2
  白だし…大さじ1と1/2
  コチュジャン…大さじ1と1/2

味変

- （好みで）すりごま
- （好みで）ラー油

〆のうどん

- 冷凍うどん…好みで
- ニラ…好みで

薄切り大根が
人を狂わすウマさ

---

1 具材を切る

大根は薄めの半月切り、ニラは3〜4cm幅、しめじはいしづきを切り落とし、豆腐は半分に切ったあと1cm幅に、豚肉は2等分に切る。

2 豚肉の下ごしらえ

バットに豚肉を移し、にんにくとⒶを入れて軽く揉む。

♛ POINT

3 豚肉を炒める

大きめのフライパンに❷を広げながら入れ、強火で炒める。焼き目がついたら豚肉を端に寄せ、一度火を止める。

4 具材を並べる

空いたところにニラ以外の具材を並べて、Ⓑを加える。

5 具材を煮込む

火をつけて一度沸かし、ブクブクしてきたらフタをして、中火で15分煮込む。ニラを加え、フタをして2〜3分煮込む。

YouTube 動画一覧

野菜スープ

わかめスープ

きのこ
ポタージュ

coming
soon

粕汁

サンラータン

coming
soon

ミルフィーユ鍋

coming
soon

水炊き

豆乳鍋

チゲ

「バカ舌だね」とか言う人もよくいますけど、料理や食べ物って
突き詰めれば「好み」なんです。好きな絵画や音楽が人それぞれ
違うのと同じで食にも好き嫌いがある。その味が好きな人にとっ
てはそれが一番なんです。それを否定するのはマジカッコ悪い。

8

1200円払ってたことが悔やまれる店超えパン＆スイーツ

喫茶店開けるかもと錯覚する「ピザトースト」、
思い出の味にしてほしい「牛乳プリン」、
家飲みには必須の「レモネード」、
おうちでできる小さな贅沢をどうぞ。

ジューシーな「わさびマヨ」

至高のツナサンド

100

Ryuji's Supreme
cooking
recipe

材料（1人前）

- ツナ缶…1缶
  まぐろの油漬けがおすすめ
- きゅうり（斜め薄切り）
  …1/2本（50g）
- 長ねぎ（みじん）
  …30g
- 食パン（6枚切り）
  …2枚

調味料

- Ⓐ マヨネーズ…大さじ2と1/2（30g）
  豆乳…大さじ1
  顆粒コンソメ…小さじ1/3
  砂糖…小さじ1/2
  レモン汁…小さじ1/2
  黒胡椒…1つまみ
  わさび…4cm
- バター…8g

ツナマヨを作る

ボウルにツナ缶の油を切って入れる。長ねぎとⒶを加えてよく混ぜる。

パンにのせる

食パンの両面にバターを塗る。片方にきゅうりを並べて、❶ものせる。

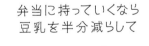

弁当に持っていくなら
豆乳を半分減らして

サンドして切る

挟んだらラップに包んで、そのまま包丁で半分に切る。

183

なぜかピーマンがウマい

至高のピザトースト

100

RYUJI'S SUPREME
COOKING
RECIPE

- 食パン（6枚切り）…1枚
- たまねぎ（薄切り）…20g
- ピザ用チーズ…40g
- ピーマン（輪切り）…1こ
- ソーセージ（輪切り）…2本
- オリーブ油…少々

ピザソース（2人前）

- たまねぎ（みじん）…1/4こ（60g）
- にんにく（みじん）…2かけ
- 塩…1つまみ
- Ⓐ トマト缶…1/2缶
  昆布茶…小さじ1と1/2
  黒胡椒…好みで
  オレガノ…7ふり
  これがピザの香りだから絶対買って

炒めるとき

- オリーブ油…大さじ2

仕上げ

- 乾燥パセリ…少々

ピザの香りの正体はオレガノです

1 ピザソースを作る

フライパンに油を熱し、にんにくを炒める。たまねぎと塩を加え、さらに炒める。Ⓐを加えて煮詰める。

2 パンにのせる

食パンにオリーブ油を塗り、ピザソース半量、たまねぎ、ピザ用チーズ、ピーマン、ソーセージの順にのせる。

3 パンを焼く

200℃のトースターで8分焼く。

みんなの思い出の味になったらいいな

五十円の牛乳プリン

100

RYUJI'S SUPREME
COOKING
RECIPE

材料（2こ分）

- ゼラチン…3g
- 水…大さじ1

Ⓐ 牛乳…240cc
練乳…大さじ2と1/2
バニラエッセンス…4滴

1 ゼラチンを溶かす

ボウルにゼラチンを入れ、水を加えてふやかす。

2 材料を混ぜる

別のボウルにⒶを入れて混ぜる。レンジでラップをせずに2分温め、❶を加えて混ぜる。

3 冷やし固める

ザルでこしながらカップに入れる。粗熱がとれたら、冷蔵庫で冷やし固める。

泡を消したい人は
ライターで消せます

お酒にしても、
ジュースにしても

至高のレモネード

100

RYUJI'S SUPREME
COOKING
RECIPE

材料
（作りやすい分量）

- レモン…1こ（110g）
- 砂糖…大さじ6
- はちみつ…大さじ1
- 炭酸水
  …130cc（1杯分）

お酒で割るなら
甲類の焼酎で

1 レモンの汚れを落とす

鍋に水（分量外）を沸かし、レモンを丸ごと1分煮て、汚れを落とす。

2 皮をすり下ろす

皮の表面をすり下ろす（白い部分は下ろさない）。

3 果肉を絞る

果肉を絞り、レモン汁を集める。

4 調味料を加える

❸に砂糖とはちみつを加える。

5 炭酸水と混ぜる

グラスに❹を大さじ2と1/2入れて、炭酸水を注ぐ。

YouTube 動画一覧

ツナサンド　　ピザトースト　　牛乳プリン　　レモネード

coming soon
coming soon
coming soon

YouTubeに「リュウジさんはお酒を控えたほうがいいです。だってできるだけ長く素敵な料理教えてもらいたいですから」というコメントが来ていて泣きながらハイボール呑んでる。「83歳になります。りゆうじさんのお料理大好きです。お料理も自然たいで、これまた大好きです。ご活躍楽しみです」「83歳のばばです。この間の生放送のお怪我大丈夫ですかしんぱいです」という慣れない手つきで入力していただいたであろう温かいコメント見つけたので今日の料理はなんかしょっぱい。

おわりに

高校を中退して、引きこもって、18歳で家を出ました。少ないバイト代で、生活するために自炊する毎日。料理は「生きるための手段」でした。

でも、限られた食材を生かして自分好みの味を探していく過程で、料理の楽しさも実感していきました。人それぞれ好みは違う。自分の味覚は自分しかわからない。ぼくが一番うまいと思う料理は、ぼくにしか作れない。どんな高級店でも出せない味が自分なら出せる。そう思ったら、毎日の料理がすごく楽しくなりました。

料理人を志してイタリア料理店に修業に入ったけど、そこはあまりにも過酷な職場でした。「このままじゃ料理が嫌いになる」と思って、3ヶ月で辞めました。

夢をあきらめて次に選んだ仕事は、高齢者専用の賃貸住宅のコンシェルジュ。ある日、入居者のおじいちゃんおばあちゃんたちから「ごはんがまずい」ってクレームが入ったんです。「それならぼくが作りましょうか」って、自分で考えたレシピを振る舞いました。そしたら「おいしい」って。笑顔を見せてくれるのがうれしくて。「やっぱり料理が好きだな」って気づいてから、1日に5つくらいレシピが自然と浮かぶようになりました。

ただ、まわりに料理好きの友達がいなくて。せっかくなら、だれかとおいしいレシピを語り合いたいって思ったんです。試行錯誤しながらTwitterに載せたレシピが、たまたまバズりました。正直こんなに反響があると思わなくて、それから本を出して、YouTubeも始めて、今に至ります。

ぼくは、死ぬまで新しいレシピを作るんだと思います。ただただ好きだからです。つまりエゴです。ぼくね、無理をして「がんばる」とか、無理やり「やる気」を出そうとするのって大嫌いなんですよ。だから、こんな自分がだれかを幸せにするとか、そんなことができるとしたら、料理しかありません。それが世の中のためになるんだったら、いくらでもレシピを提供したい。で、ぼくのYouTubeや本で「料理、まあまあおもろいじゃん」と思った人は、ほかの料理家さんもいろいろ見てほしい。味覚が合う人を見つけてほしい。「ぼんだけ信じろ!」とは全然思ってない。手札は多いほどいいじゃないですか。その心の棚のどこかに、ちょっと料理が上手い酔っ払いがいてくれればいいな、くらいに思ってます。

では、明日もまたお会いしましょう。

リュウジのおにいさん、料理で〜す!!!!!

リュウジ式 至高のレシピ2
人生でいちばん美味しい基本の料理100

2023年3月21日　第1刷発行
2024年9月10日　第7刷発行

著者　　　リュウジ

発行者　　大塚啓志郎・髙野翔

発行所　　株式会社ライツ社　兵庫県明石市桜町2-22
　　　　　TEL　078-915-1818　FAX　078-915-1819

印刷・製本　株式会社広済堂ネクスト

乱丁・落丁本はお取り替えいたします。
©2023 RYUJI printed in Japan
ISBN 978-4-909044-42-6

ライツ社HP　https://wrl.co.jp

装丁　　　　　　坂川朱音（朱猫堂）

デザイン　　　　坂川朱音（朱猫堂）

イラスト　　　　風間勇人

写真　　　　　　土居麻紀子

スタイリング　　本郷由紀子

調理アシスタント　双松桃子（@momosan0627）

撮影協力　　　　ちょも・たかお・てつや・たつや

営業　　　　　　髙野翔・秋下カンナ

営業事務　　　　吉澤由樹子

編集　　　　　　大塚啓志郎・有佐和也・感応嘉奈子